팩토피아

FACTopia!

꼬리에 꼬리를 무는 400가지 사실들

① 잡학 상식

케이트 헤일 글·앤디 스미스 그림·조은영 옮김

SIGONGJUNIOR

차 례

팩토피아에 온 걸 환영해! • 6

시작 • 8

뼈대 • 10

힘센 놈 • 12

거미 • 14

팩트 꼬리 물기 • 16

소금 • 18

돈 • 20

게임과 장난감 • 22

우연한 발명 • 24

초콜릿 • 26

하늘 • 28

물 • 30

나일강 • 32

악어 • 34

치아 • 36

미소와 얼굴 • 38

곤충 • 40

팩트 꼬리 물기 • 42

구멍 • 44

미스터리 • 46

선과 경계 • 48

지구 궤도 • 50

국제 우주 정거장 • 52

로봇 • 54

동물에서 착안한 발명품 • 56

동물 건축가 • 58

별난 건물 • 60

미래 • 62

몸치장 • 64

왕과 여왕 • 66

성 • 68

신화 속 동물 • 70

실제라고는 믿기지 않는 동물들 • 72

발견 • 74

팩트 꼬리 물기 • 76

꽃과 식물 • 78

나비 • 80

동물 이주 • 82

여행 • 84

로켓 • 86

우주 • 88

공룡 • 90

알 • 92

아침 식사 • 94

팩트 꼬리 물기 • 96

뿌리 • 98

땅속 • 100

- 화산 • 102
- 암석 • 104
- 보물 • 106
- 해적 • 108
- 희한한 법 • 110
- 팩트 꼬리 물기 • 112
- 대왕오징어 • 114
- 정말로 큰 것 • 116
- 정말로 작은 것 • 118
- 무리 • 120
- 맹금류 • 122
- 눈 • 124
- 동물의 방어 무기 • 126
- 냄새나는 것들 • 128
- 팝콘 • 130
- 팩트 꼬리 물기 • 132

- 반려동물 • 134
- 금 • 136
- 위장 • 138
- 팩트 꼬리 물기 • 140
- 종이와 책 • 142
- 언어 • 144
- 쌍둥이 • 146
- 가장 느린 것 • 148
- 가장 빠른 것 • 150
- 시간 • 152
- 1년 • 154
- 잠 • 156
- 꿈 • 158
- 색깔 • 160
- 무지개 • 162
- 동그라미 • 164
- 무늬 • 166
- 눈송이 • 168

- 차가운 것 • 170
- 뜨거운 것 • 172
- 팩트 꼬리 물기 • 174
- 심장 • 176
- 별 • 178
- 지도 • 180
- 팩트 꼬리 물기 • 182
- 이상한 날씨 • 184
- 다이아몬드 • 186
- 먹기 • 188
- 축제 • 190
- 불꽃놀이 • 192
- 소리 • 194
- 음악 • 196
- 끝 • 198

- 찾아보기 • 200
- 팩토피아를 만든 사람들 • 205
- 참고 자료 • 206
- 사진 및 그림 출처 • 207

팩토피아에 온 걸 환영해!

모두 뒤통수 조심해. 깜짝 놀라 뒤로 넘어질지도 모르니까. 턱도 잘 받치고 있어. 입을 다물지 못할지도 모르니까. 놀랍고 멋진 사실들이 너희를 기다리고 있거든. 어떤 것들이냐고?

옛날 로마 황제들도 아이스크림을 먹은 거 알아?
눈 덮인 산에서 얼음을 퍼 와서
과일과 주스로 맛을 냈대.

산 이야기가 나와서 말인데,
지구에서 가장 긴 산맥은
바닷속에 있어.

이왕 바다까지 왔으니
불가사리한테 뇌가 없다는 사실까지
알아 두면 좋겠지?

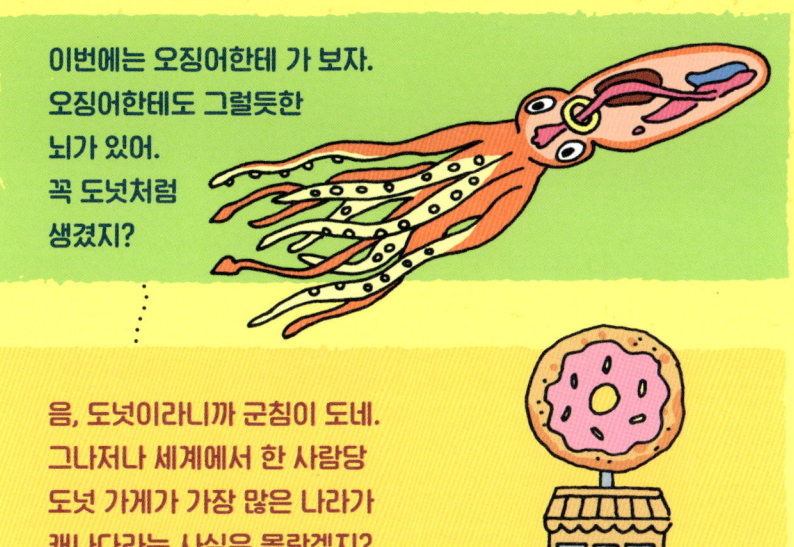

이번에는 오징어한테 가 보자.
오징어한테도 그럴듯한 뇌가 있어.
꼭 도넛처럼 생겼지?

음, 도넛이라니까 군침이 도네.
그나저나 세계에서 한 사람당 도넛 가게가 가장 많은 나라가 캐나다라는 사실은 몰랐겠지?

자, 이제 팩토피아가 얼마나 특별한 곳인지 알겠지? 이곳에서는 모든 사실이 꼬리에 꼬리를 물고 이어져. 그것도 아주 기발하고 엉뚱하게 말이야.

점선으로 이어진 길을 따라가면 **기린**에서 **에펠탑**으로, **에펠탑**에서 **페인트**로, **페인트**에서 **광물**로, **광물**에서 **이**로, **이**에서 **가시**로 끝없이 이어지지.
이제 너희가 직접 확인해 봐!
다음 장에 어떤 이야기가 나올지 기대해도 좋아.

참, 잊어버릴 뻔했네. 팩토피아에서 길은 한 방향으로만 이어지지 않아.
언제 어디서 갑자기 딴 길로 샐지 모른다고. 그러니까 **책장을 이리저리** 넘기면서 **정신없이 왔다 갔다** 하게 될 거라는 말이지.

호기심에 몸을 맡기고 어디로든 내키는 대로 가는 거야. 잘 모르겠으면 일단 한 장 넘겨 봐.

성격이 급한 친구라면 바로 이 샛길을 이용해도 좋아. 단, 정신 바짝 차려야 해!

150쪽으로 가시오.

믿거나 말거나
태초에 우주는
이 손가락이
가리키는 점보다
수십억 배나
작았어

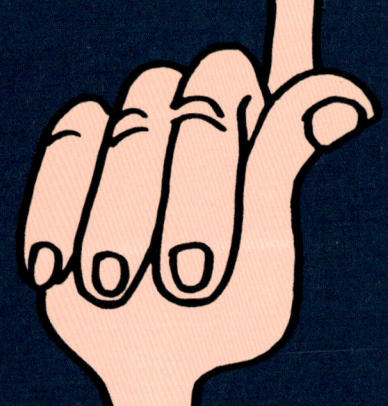

옆구리 뼈를 간질여 봐.

갓 태어난 아기는 몸속에 뼈가 모두 270개쯤 있어. 어른이 되면 206~213개로 줄어들지.

시작 • 9

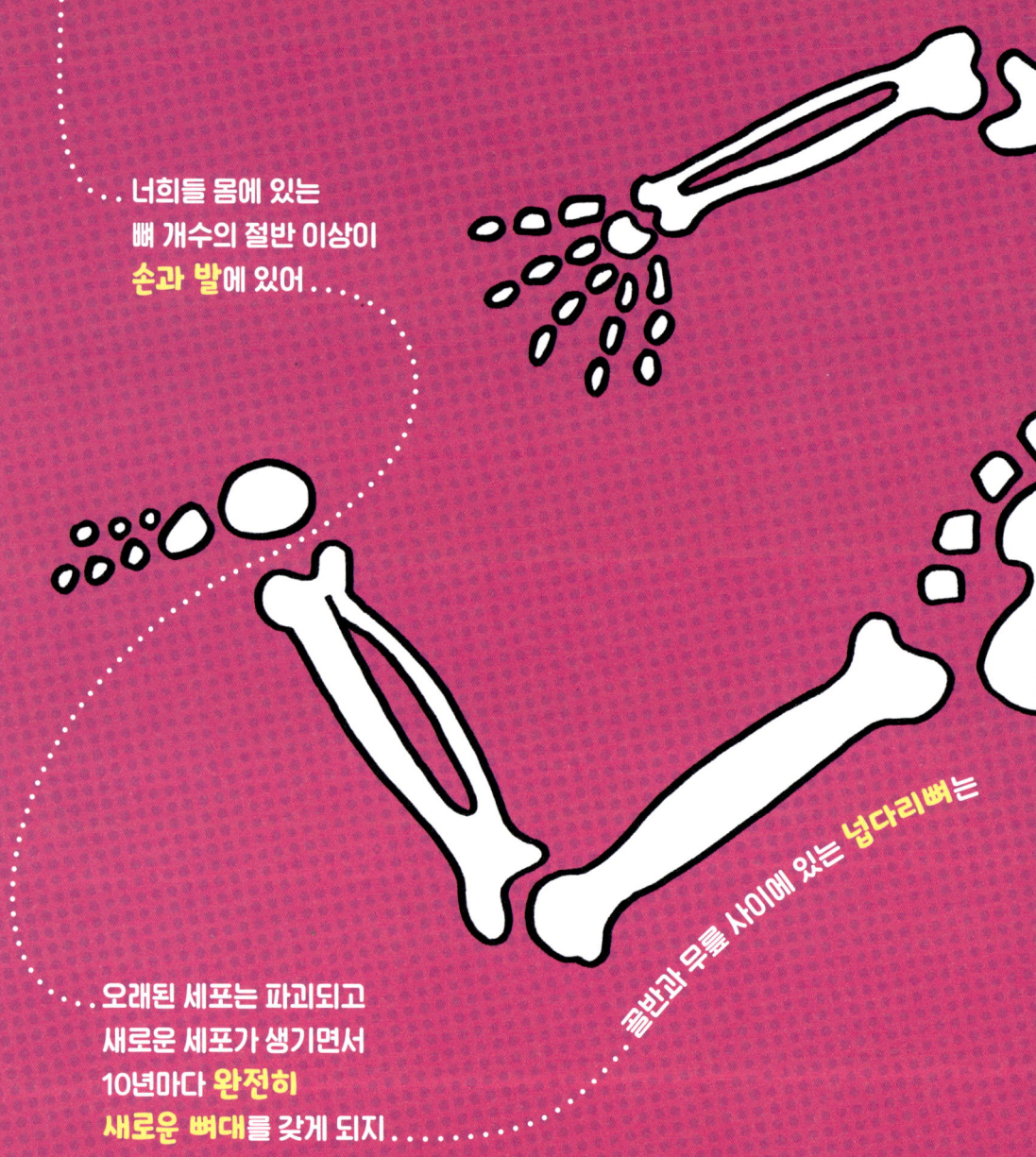

너희들 몸에 있는
뼈 개수의 절반 이상이
손과 발에 있어...

골반과 무릎 사이에 있는 **넙다리뼈는**

오래된 세포는 파괴되고
새로운 세포가 생기면서
10년마다 **완전히**
새로운 뼈대를 갖게 되지...

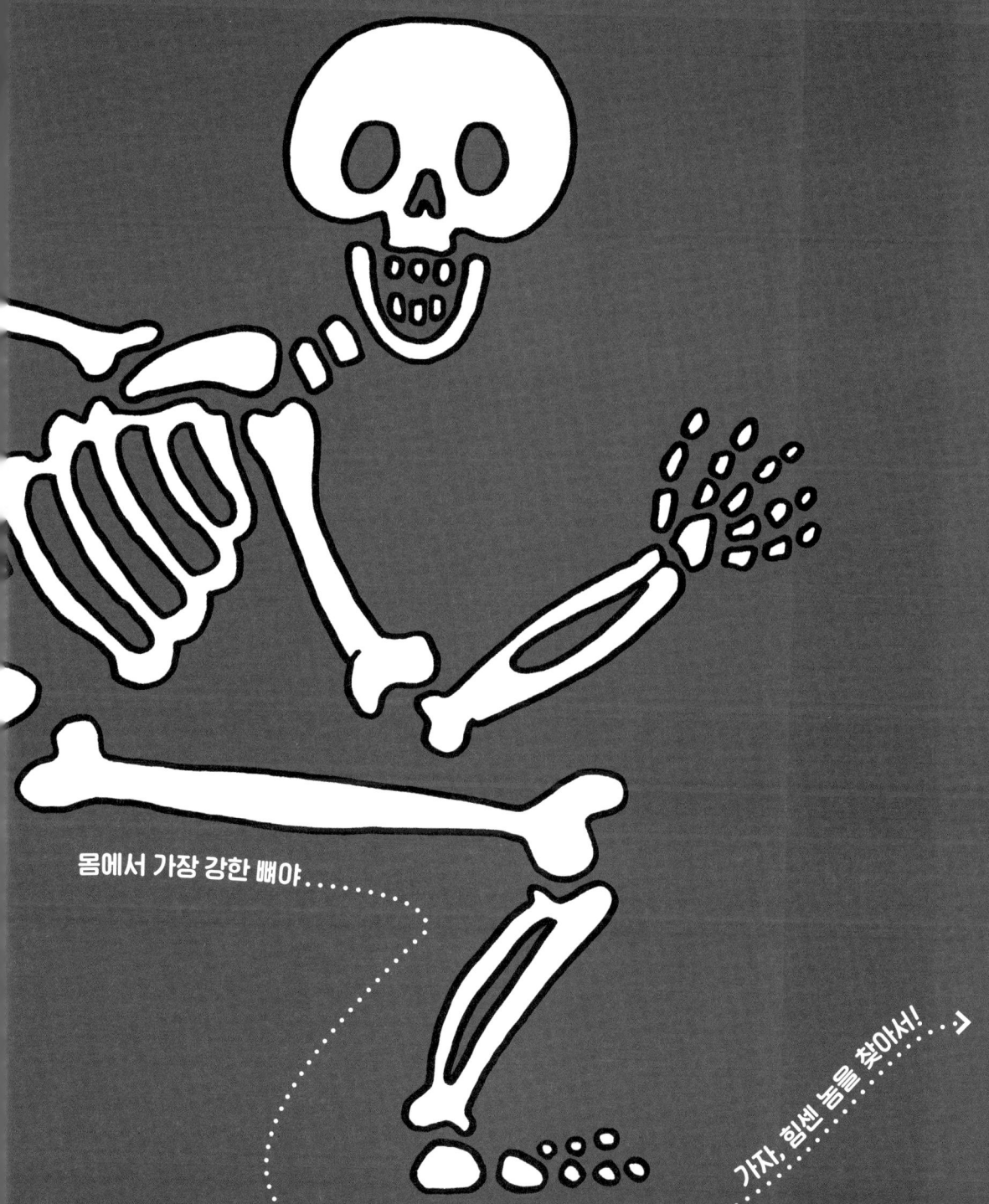

뿔쇠똥구리는 **세상에서 가장 힘센 곤충**이야.
자기 몸무게의 1,141배나 되는 물체를 끌고 갈 수 있지. 얼마나 센지 모르겠다고?
한 사람이 2층 버스 4.5대를 혼자서 끌고 간다고 생각해 봐!

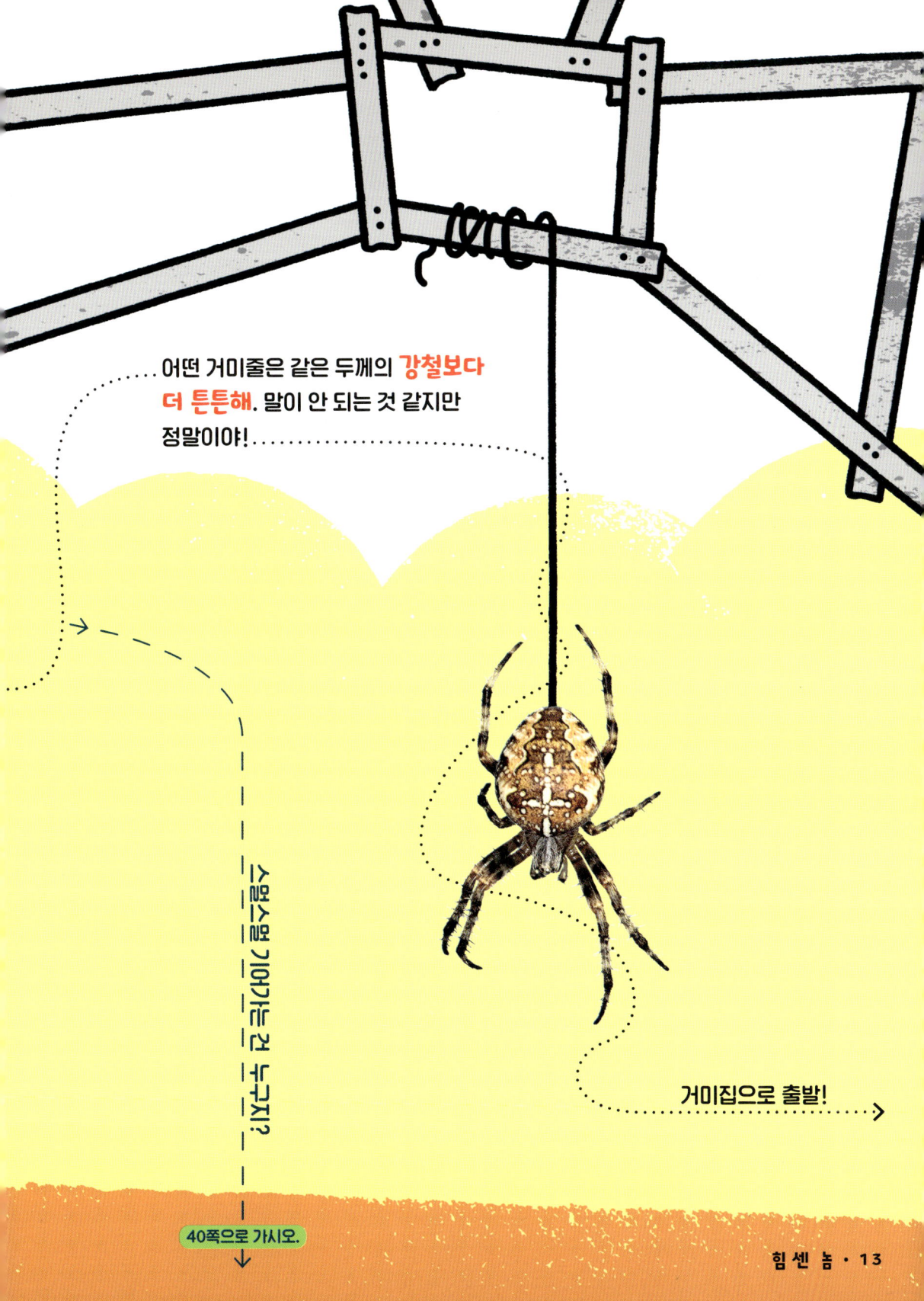

어떤 거미줄은 같은 두께의 **강철보다 더 튼튼해**. 말이 안 되는 것 같지만 정말이야!

스믈스믈 기어가는 건 누구지?

40쪽으로 가시오.

거미집으로 출발!

물거미는 물속에 살면서 **공기 방울**로
숨을 쉬어. 공기 방울을 들고 다니거나
거미집에 보관하지.
어떻게 하든 거미 마음이야…..

응달거미는 먹잇감을 향해
새총 쏘듯 자기 몸과 거미줄을 날려…….

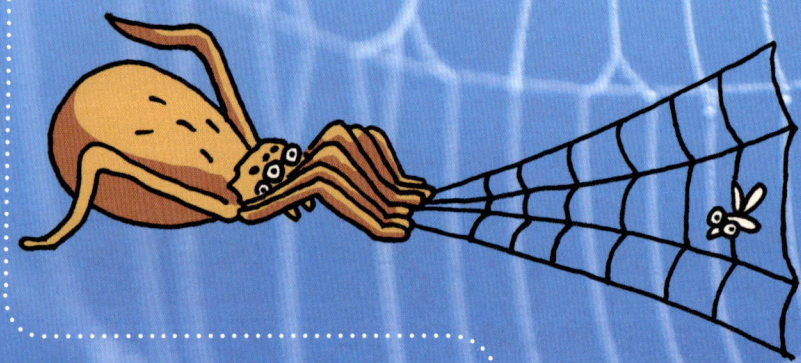

거미줄은 모두 제각각이야.
잘 늘어나는 것도 있고
끈적거리거나 튼튼한 것도 있지.
난 다 싫지만…….

지구에서 가장 긴 산맥인 중앙 해령은 길이가 64,373킬로미터도 넘는데, 대부분 바닷속에 있어. 육지에서 가장 긴 산맥인 남아메리카 안데스산맥보다 여덟 배나 더 길지.

흰바위산양의 나이는 어떻게 알게? 뿔의 마디 수를 세면 돼!

어떤 사람은 자기 피가 흐르는 소리를 들을 수 있대! 눈이 움직이는 소리도 듣는다지!

지구는 완전히 둥글지 않아. 위아래가 짓눌려 적도 쪽이 불룩 튀어나온 타원형이지.

올빼미의 눈은 둥글지 않고 관 모양이야.

적도에서는 일몰의 속도가 더 빨라.

일몰과 일출 때에만 붉은색 무지개를 볼 수 있어.

몸이 붉은색인 레서판다는 대왕판다보다 라쿤이나 스컹크에 더 가까운 동물이야. 이름에 속으면 안 되겠지?

 수컷 잭슨카멜레온은 머리에 달린 세 개의 뿔로 다른 수컷을 나무에서 밀어서 떨어뜨려.

거삼나무의 껍질은 불에 잘 타지 않아.

파이어네이도는 불 소용돌이야. 흔히 보기 어렵지. 무시무시한 불꽃 바람이 시속 160킬로미터로 휘몰아치거든.

해왕성에서는 바람이 소리보다 빨라. 상상이 되니?

판다의 똥에는 미생물이 살고 있어. 덕분에 그 똥을 생물 연료로 쓸 수 있지.

지구 최초의 미생물이 보라색이었다는 얘기도 있어.

로마에서는 무슨 일이?

고대 로마인이 보라색 염료를 어디에서 구했는지 알아? 바로 뿔고둥이야.

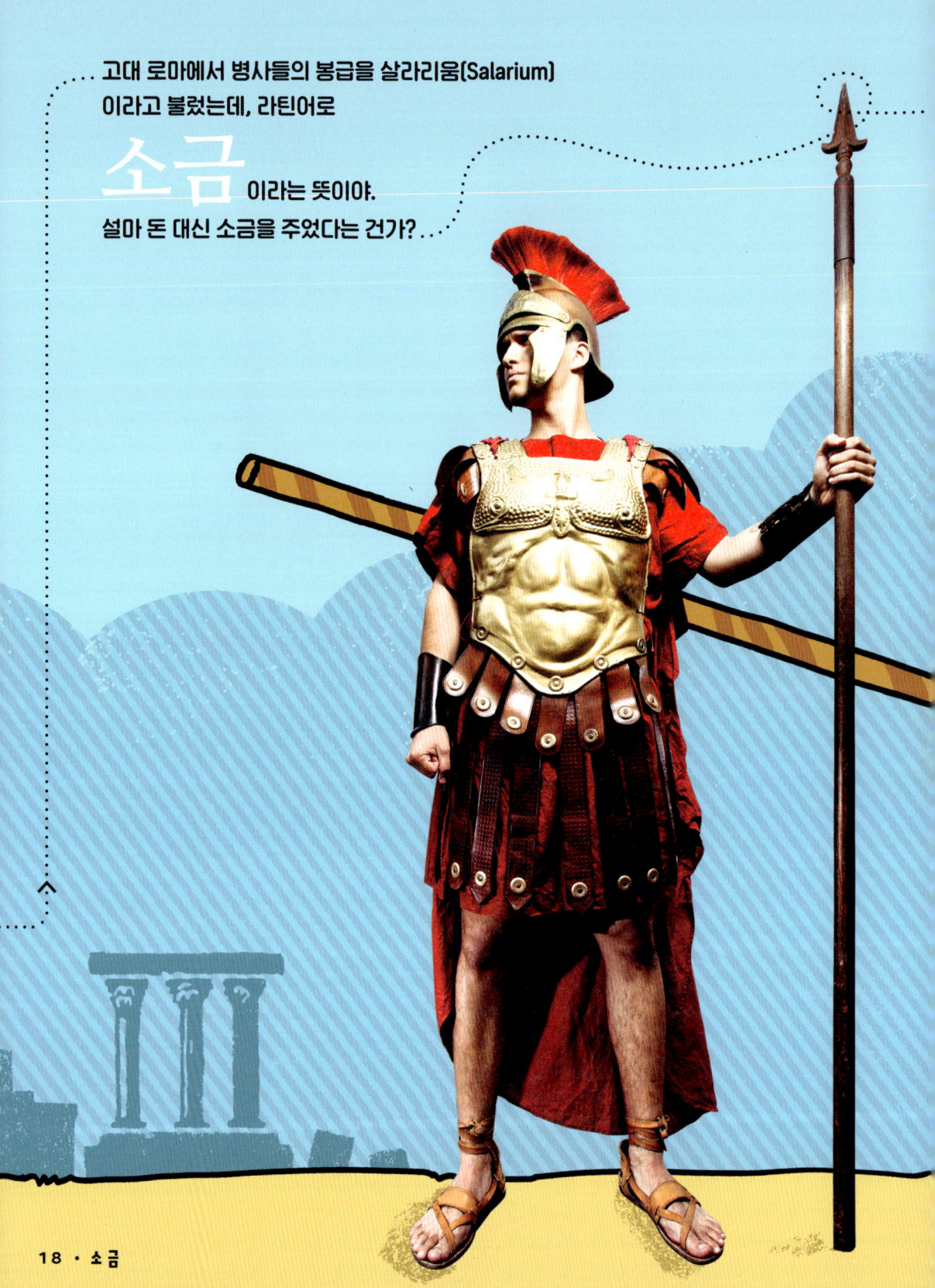

고대 로마에서 병사들의 봉급을 살라리움(Salarium)이라고 불렀는데, 라틴어로

소금

이라는 뜻이야.
설마 돈 대신 소금을 주었다는 건가?

미크로네시아의 야프섬에서는 **바위**를 바퀴 모양으로 다듬어 화폐로 사용했어. 바위의 이름은 '라이'야. 자동차보다 무거웠다는데, 진짜일까?

___ 진짜로 무거운 게 뭔지 알려 줄까? ___

116쪽으로 가시오.

게임 한판 어때?

…… 놀라지 마! 누벨프랑스(지금은 캐나다의 퀘벡)에서
처음으로 사용된 종이돈은
다름 아닌 **트럼프 카드**였어. ……

정식 트럼프 카드에서 **하트 킹**만 유일하게 콧수염이 없어.

세계에서 가장 높은 **레고(LEGO)™ 타워**는 높이가 35미터나 돼. 레고 블록이 50만 개나 사용됐지.

놀라운 장소를 또 보고 싶다고?

60쪽으로 가시오.

미스터 포테이토 헤드*(Mr. Potato Head)™가 처음 나왔을 때 감자는 직접 구해서 만들어야 했대.

*감자 모양의 커다란 얼굴에 눈, 귀, 코 등을 꽂아서 다양한 표정을 만드는 어린이 장난감.

바비(Barbie)™ 인형 알지? 바비의 본명은 **바바라 밀리센트 로버츠**야.

앗, 이런 우연이 있나!

슬링키(Slinky)™ 스프링은 제2차 세계 대전 때 선박 기술자가 실수로 떨어뜨린 스프링을 보고 발명한 장난감이야.

막대 아이스크림은
추운 겨울날
열한 살 어린이가
나무 막대를
넣어 둔 음료 통을
바깥에 두었다가
우연히 만들어졌어.

플레이도우(Play-Doh)™는 원래 벽지를 청소하는 도구였어. 이렇게 재밌는 장난감이 될 줄은 아무도 몰랐지...

초콜릿 바라니, 너무 달콤하잖아!

전자레인지는 한 기술자가 레이더 기술을 연구하다가 우연히 초콜릿 바가 녹는 것을 보고 발명했어!

우연한 발명 · 25

2020년에 세계에서 가장 큰 초콜릿 바가 만들어졌는데, 무게가 무려 2,696킬로그램이었어. **수컷 북극곰 네 마리** 무게라니 말 다했지 뭐. 근데 누가 다 먹었을까?

초콜릿으로 만든 물고기는 프랑스 사람들이 **만우절**에 주고받는 인기 있는 선물이야

초콜릿은 카카오나무 열매로 만들어. 마야인과 아즈텍인은 그 열매에 **마법**의 힘이 있다고 믿었어. 그래서 특별한 의식에 사용했대

188쪽으로 가시오.

세계에서 초콜릿이 가장 많이 팔리는 곳은 벨기에 브뤼셀 공항이야. **1분**에 1.5킬로그램씩 팔리지

더 볼래, 더 깜짝 놀랄래?

초콜릿 바 하나에는 **아주아주 작은 곤충**이 몇 조각씩 들어 있어. 모르면 좋았을 텐데

비행기가 하늘에 길게 남기는 구름 자국을 '비행운'이라고 해. 엔진에서 나오는 수증기 때문에 생기지.

양, 어린 수탉, 오리는

열기구를 타고 하늘에 올라간 최초의 승객이야!

↑ 122쪽으로 가시오.

새 더 볼 수 있을까?

루펠독수리는 세상에서 가장 높이 나는 새야. 비행 중이던 조종사가 이 새를 목격했는데, 그때 고도가 10,973미터였어!

지금까지 발견된 **가장 큰 익룡**은 날개를 쫙 폈을 때의 길이가 F-16 전투기 날개보다 길었어.

첨벙!

하늘에서 떨어지는 빗방울은 **물방울** 모양이 아니야. 그보다는 강낭콩을 더 닮았지.

하늘 • 29

...... 아마존강은 **굴하N** 흐를 때가 있어.

강이 끝나는 지역을
강어귀라고 해 ......

흘러 흘러 가 보자!

빗물을 모아 놓는 통을 **빗물 저금통**이라고 해.
이렇게 모은 빗물로 텃밭을 가꾸거나 청소할 때 사용하면 물을 절약할 수 있어.

나일강은 세계에서 가장 긴 강이야

고대 이집트인은 나일강의 악어를 숭배했어.
악어를 길들이고 **보석으로 치장**까지
해 주었대.

악어보다 길들이기 쉬운 동물은 없을까?

악어는 **혀를 내밀** 줄 몰라.
메롱을 못하다니,
불쌍해라!

134쪽으로 가시오.

이빨 좀 딱딱거리지 마!

어떤 악어는 평생 이빨이 3,000개나 나고 빠진대.

인간의 몸에서 가장 단단한
물질이 뭐게? 그건 바로

치아를

감싼 에나멜이야.

자, 찍습니다. 스마일!

침팬지는 사과를 하거나 다른 침팬지를 안심시키고 싶을 때 이빨을 드러내고 미소를 지어.

치아 · 37

사람들은 행복을 나타내는 여섯 가지 미소와 고통, 분노, 부끄러움을 나타내는 열세 가지 미소를 지을 수 있어.

부끄러워!

아기는 **자궁 안에서** 처음 미소를 짓는대.

곤충 세계로 출발!

인면노린재라는 곤충이 있어. **등에 난 무늬**가 사람의 얼굴을 닮아서 붙여진 이름이야. 좀 퉁명스러워 보이지 않아?

미소와 얼굴 • 39

쇠똥구리는 똥을 **일직선**으로 굴리고 다녀. 물론 밤에도! 밤에는 은하수 불빛으로 길을 찾아가지 . . . .

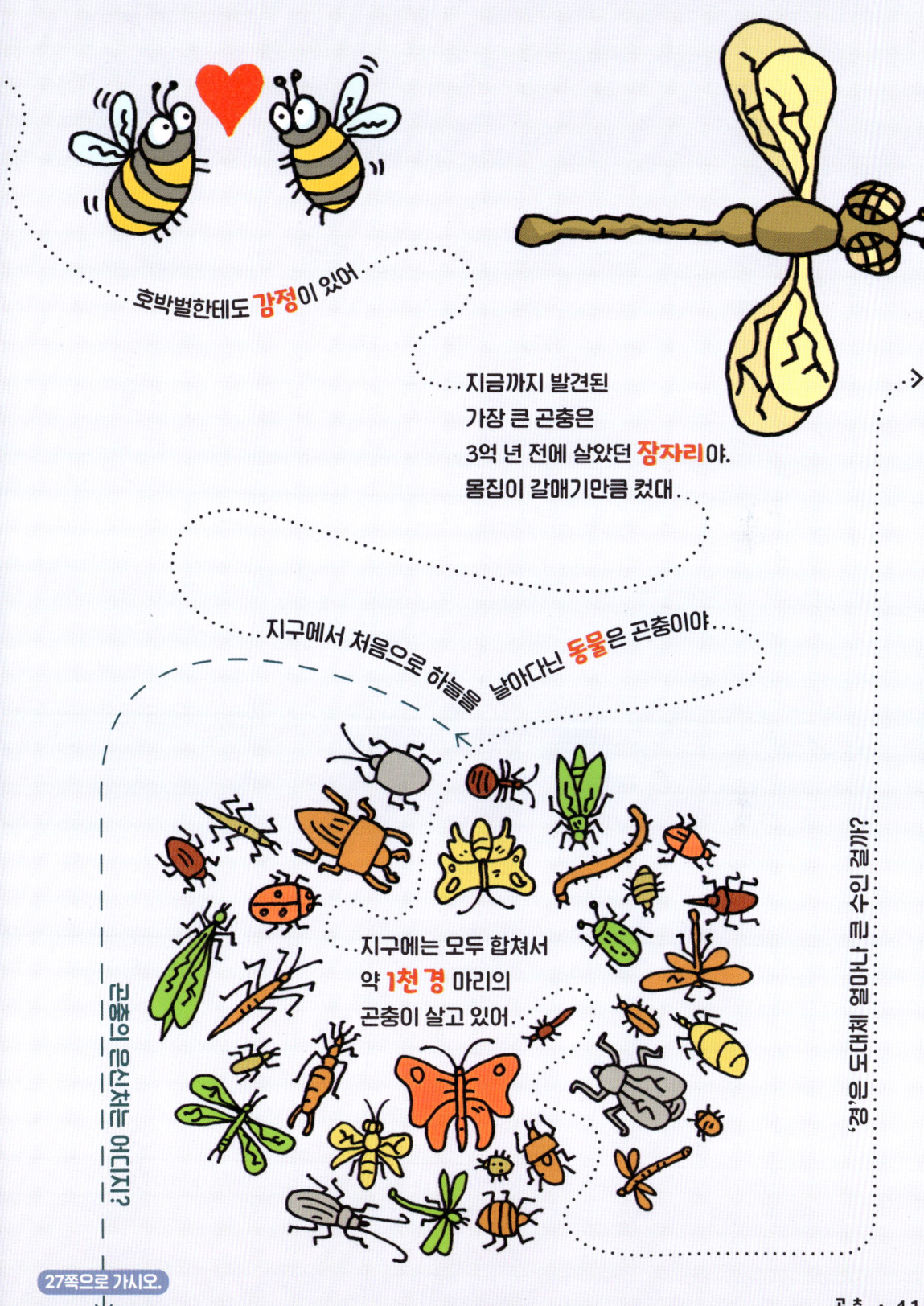

호박벌한테도 **감정**이 있어.

지금까지 발견된 가장 큰 곤충은 3억 년 전에 살았던 **잠자리**야. 몸집이 갈매기만큼 컸대.

지구에서 처음으로 하늘을 날아다닌 **동물**은 곤충이야.

지구에는 모두 합쳐서 약 **1천 경** 마리의 곤충이 살고 있어.

'경'은 도대체 얼마나 큰 수일까?

곤충의 은신처는 어디지?

27쪽으로 가시오.

'경'은 꼬리에 0이 열여섯 개 붙은 수를 말해.

1,800만 년 전, 인류의 조상은 몸에 꼬리가 달려 있었어. 동물처럼 말이야.

어떤 동물은 꼬리를 무기로 사용하기도 해. 환도상어는 꼬리를 휘둘러서 먹잇감을 기절시키지.

어떤 생쥐는 전갈의 독침에 쏘여도 끄떡없어. 정말 놀랍지?

단어 없이 멜로디만 있는 노래가 있어. 바로 스페인의 국가(國歌)가 그래.

스페인 어린이는 이가 빠지면 베개 밑에 두고 자. 그러면 작은 생쥐가 와서 빠진 이를 가져가지.

과학자들은 뱀의 독으로 고혈압 환자를 치료하는 약을 개발했어.

혈액은 온몸을 돌아다녀. 인간의 심장은 매일 약 7,571리터의 혈액을 펌프질해서 온몸에 순환시키지.

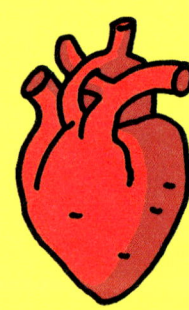

상어는 바깥귀가 없어.
머리 위에 난 작은 구멍 두 개로 소리를 듣지.

망치 박물관에는 망치만 2,000가지가 넘게 전시되어 있어. 미국 알래스카 헤인스에 가면 볼 수 있지.

우리 몸에서 가장 작은 뼈는 귀 안에 들어 있는 등자뼈, 망치뼈, 모루뼈야.

개는 보통 165개의 단어를 알아들어.

알래스카주의 공식 스포츠는 개 썰매 타기야.

홀인원은 골프공이 구멍으로 한 번에 들어가는 것을 말해. 골프 치는 사람들에게는 평생의 꿈이래.

심장은 평생 총 25억 번쯤 뛰어.

구멍 속으로!

팩트 꼬리 물기 · 43

블랙홀은
중력이 끌어당기는 힘이 너무 세서
빛도 빠져나오지 못해.
가장 작은 블랙홀의 크기는
태양의 **열 배** 정도야.

우주선 발사!

88쪽으로 가시오.

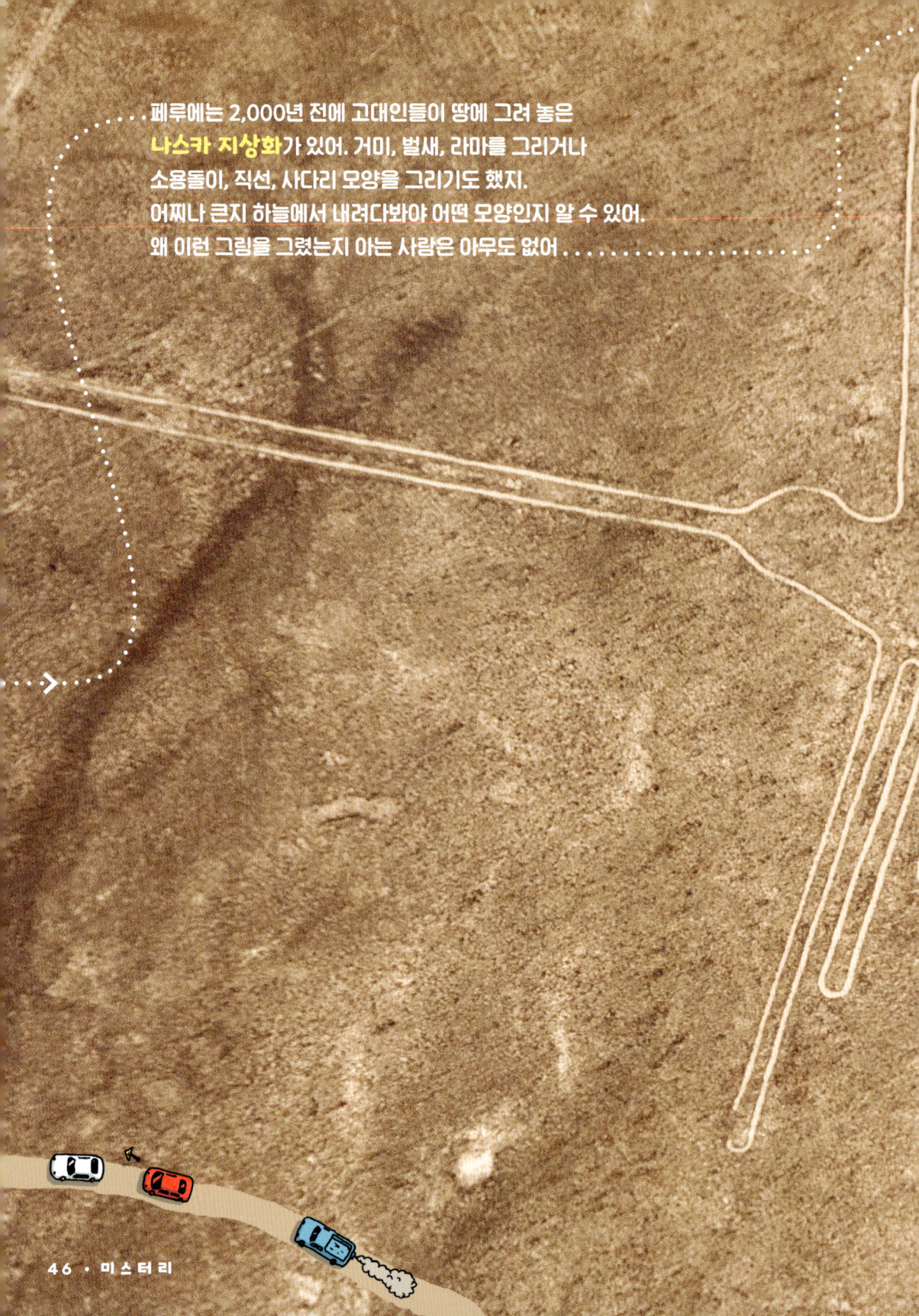

페루에는 2,000년 전에 고대인들이 땅에 그려 놓은 **나스카 지상화**가 있어. 거미, 벌새, 라마를 그리거나 소용돌이, 직선, 사다리 모양을 그리기도 했지. 어찌나 큰지 하늘에서 내려다봐야 어떤 모양인지 알 수 있어. 왜 이런 그림을 그렸는지 아는 사람은 아무도 없어.

줄은 똑바로 그어야지!

미스터리 · 47

어떤 도서관은 미국과 캐나다 중간에 있어서 **국경선**이 지나가.

베링 해협에는 '어제' 섬과 '오늘' 섬이 있어. 두 섬은 서로 4킬로미터밖에 떨어져 있지 않지만, 그 사이로 **날짜 변경선**이 지나가기 때문에 '오늘' 섬은 '어제' 섬보다 항상 24시간 빠르지

똑딱똑딱!

152쪽으로 가시오.

····· 고무 오리 줄 세우기 세계 기록을 공개할게.
총 **17,782마리**를 1.6킬로미터나 늘어놓았어!

····· 개미들은 줄지어서 직선, 곡선, 지그재그로 다닐 수 있어.
앞사람, 아니 앞 개미가 풍기는 **화학 물질 냄새**를
뒤쫓기 때문이야.

····· 지금까지 팔린 <해리 포터> 시리즈를
모두 한 줄로 늘어놓으면 **지구**를
열여섯 바퀴 넘게 감을 수 있어.

세계 일주를 떠나자!

망가진 위성부터 우주인의 장갑까지, 수많은 **우주 쓰레기**가 지구 주위를 돌고 있어. 시속 24,700킬로미터로 말이야.

50 · 지구 궤도

150쪽으로 가시오.

부릉부릉!

지구 주위를 도는 건 달뿐만이 아니야. **소위성**이라고 하는 아주 작은 달들이 몇 달 또는 몇 년씩 지구를 돌고 있지. 그중에는 자동차만큼 큰 것도 있어. 하지만 결국 지구의 중력에서 벗어나 태양을 공전하는 다른 소행성에 합류할 거야...

국제 우주 정거장은 지구를 매일 열여섯 바퀴씩 돌아.

전원 탑승!

지구 궤도 · 51

국제 우주 정거장의 생활 공간은
방 여섯 개짜리 집보다 조금 더 커.

50대가 넘는 컴퓨터, 230만 개나 되는 컴퓨터 명령 줄이 **국제 우주 정거장**을 책임지고 조종해.

국제 우주 정거장은 인간이 만든 가장 비싼 물건이야.

국제 우주 정거장 승무원들은 자기 소변을 정수한 물을 마신대.

국제 우주 정거장에는 허니, 퀸, 범블이라는 이름의 꿀벌 로봇이 있어. 정거장 안을 자유롭게 떠다니며 승무원들을 돕지.

로봇 나와라, 오버!

최초의 로봇은 2,000년 전에 고대 그리스에서 만들어졌어. 나무로 만든 비둘기 로봇이었대.

동물을 닮은 기계라……

24쪽으로 가시오.

기억하라고!

일반 전구보다 밝은 **LED** 전구는 과학자들이 반딧불을 연구해서 설계한 작품이야!

물총새는 먹잇감을 사냥할 때 물방울이 튀지 않게 소리 없이 다이빙을 해. 물총새의 부리를 흉내 내어 효율이 뛰어나고 더 조용한 **고속 철도**를 설계할 수 있었지.

56 · 동물에서 착안한 발명품

흰개미는 기린의 키보다 높은 집을 짓고 살아. 크기는 또 얼마나 크다고! 건축가들은 흰개미집의 천연 냉난방 시스템을 본떠서 **에너지 효율**이 높은 건물을 짓고 있어.

야생의 건축가들을 많이 볼까?

세계에서 가장 큰 **비버 댐**은 캐나다 앨버타주에 있어.
인공위성에서 보일 정도로 크지.
비버들은 이 댐을 1970년대부터
짓기 시작했어.

인도의 수산청 직원들은 거대한 **물고기**처럼 생긴 건물에서 일해

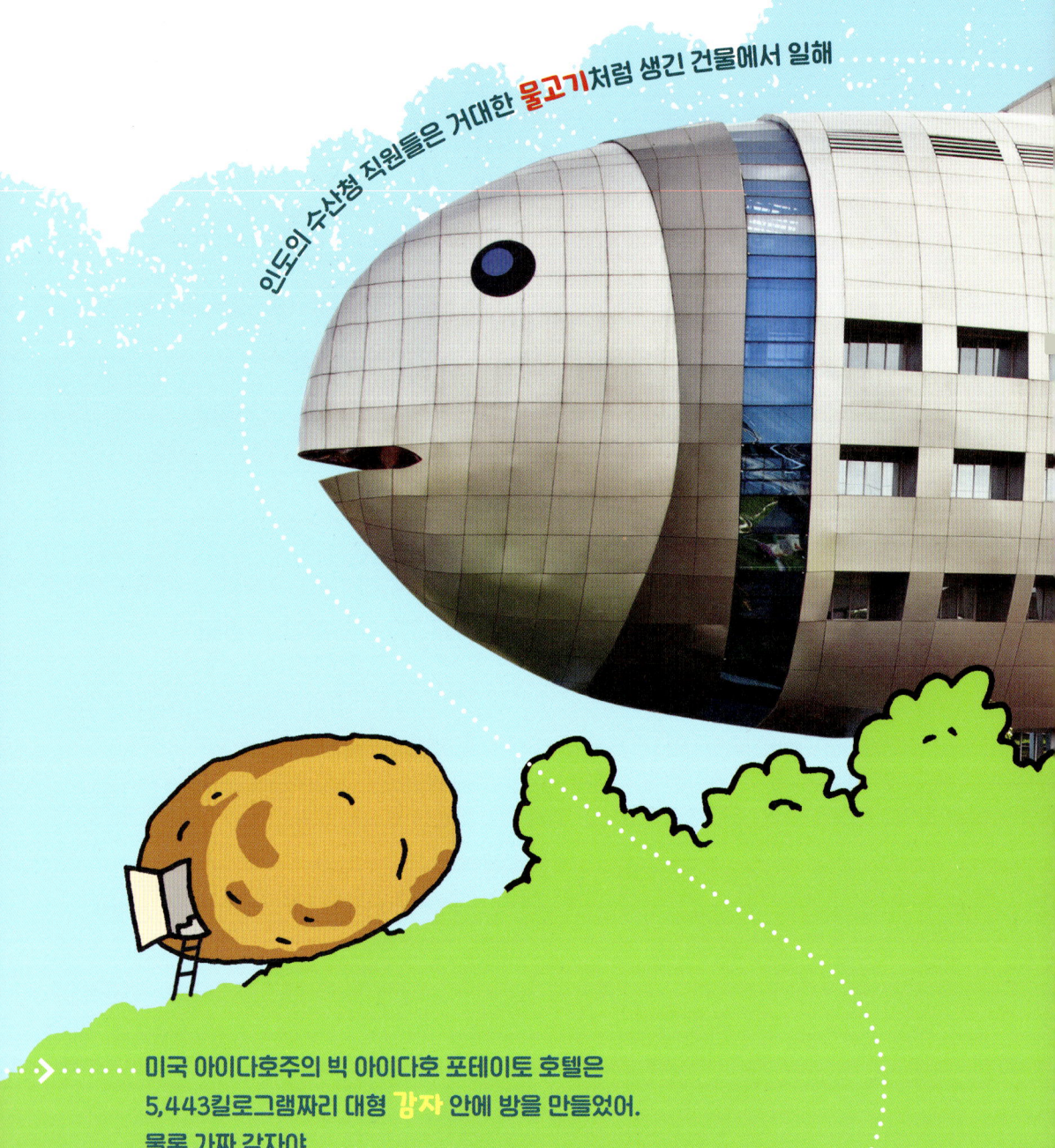

미국 아이다호주의 빅 아이다호 포테이토 호텔은
5,443킬로그램짜리 대형 **감자** 안에 방을 만들었어.
물론 가짜 감자야

네덜란드 암스테르담에 있는 '에지'는 세계에서 가장 **똑똑한 건물**이야. 건물 곳곳에 배치된 28,000개 센서가 모든 직원에게 주차 자리를 안내하고 그날 일할 책상을 알려 주지. 심지어 각자 어떤 커피를 좋아하는지도 기억한대

똑똑한 미래로 가자!

공학자들은 배터리가 아닌 인간의 땀으로 움직이는 **스마트 시계**를 연구하고 있어.

미래에는 큰 시합이 열리는 경기장에서 **홀로그래피**로 경기를 다시 보고, 자기가 좋아하는 선수가 나오는 영상 자료를 받아서 중요한 장면을 놓치지 않고 볼 수 있을 거야!

요새 의류 회사에서는 옷을 입은 사람의 심장 박동 수를 기록하는 셔츠, 달리기 방식을 분석하는 양말, 앱과 연결되는 재킷 같은 **스마트 의복**을 디자인해.

예측하는 사람들도 있어.

어서 옷 입자! ❯

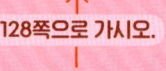
킁킁, 무슨 냄새지? 128쪽으로 가시오.

고대 이집트 사람들은 밀랍으로 만든 **원뿔 모양의 모자**를 썼는데, 뜨거운 낮이면 밀랍이 녹아내려서 모자를 쓴 사람한테 향긋한 냄새가 풍겼대.

16세기 이탈리아 여성은 '초핀'이라는 **통굽 신발**을 신었는데, 굽이 너무 높아서 넘어지지 않으려면 옆에서 손을 잡아 주는 사람이 있어야 했어.

왕실 이야기가 궁금해?

프랑스 왕비 마리 앙투아네트가 해전에서 거둔 승리를 기념하려고 **모형 배**로 머리를 장식한 적이 있대.

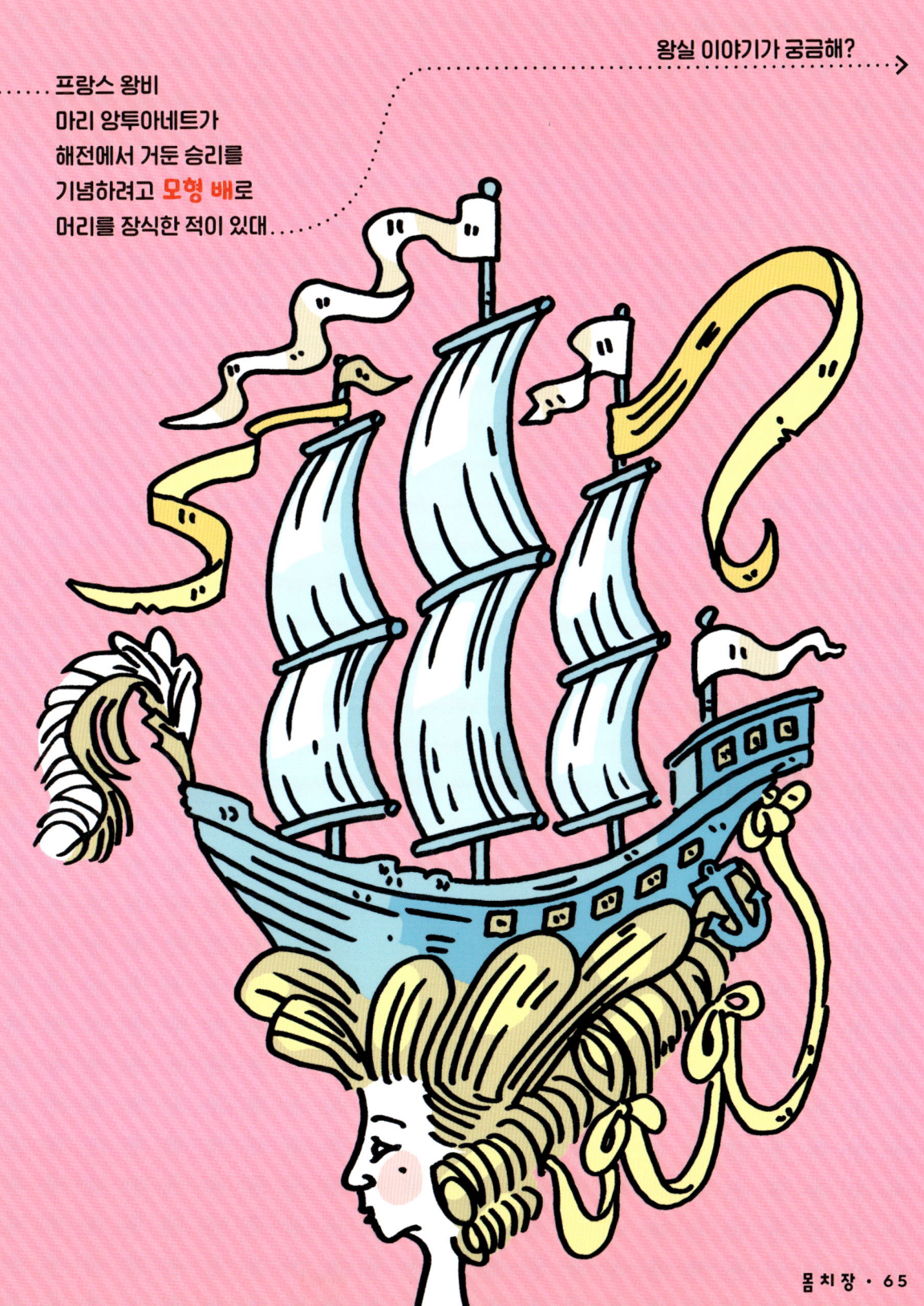

디즈니랜드의 잠자는 숲속의 공주 궁전은 독일의 **노이슈반슈타인성**을 보고 영감을 받아서 만들었어.

일본의 **히메지성**에는 입구가 84개나 있어. 그중에는 막다른 길로 이어지는 입구도 있어서 적을 혼란스럽게 했지.

이렇게 특이한 생물들을 봤나!

신 화 속 동 물 • 71

126쪽으로 가시오.

흡혈오징어는 다른 오징어처럼 적에게 먹물을 내뿜는 대신 빛이 나는 점액질을 내뿜어.

드라큘라 개미는 어떤 동물보다도 무는 속도가 빨라. 너희들이 눈 깜빡이는 시간보다 5,000배는 더 빨리 먹이를 먹는다고!

마귀상어는 턱을 코끝까지 길게 내밀었다가 넣을 수 있어. 덕분에 먹잇감을 재빨리 공격할 수 있지.

놀라운 날쌘!

날도마뱀은 옆구리에 달린 피부 덮개를 이용해 공중에서 날개를 움직이지 않고 날 수 있어. 꼬리로 방향을 조종하지.

실제라고는 믿기지 않는 동물들 · 73

텍사스의 한 박물관에는 **변기 뚜껑**에 그린 예술품 1,400점이 전시되어 있어.

올빼미는 **머리**를 양쪽으로 무려 270도나 돌릴 수 있어. 올빼미는 학문과 지혜를 상징하는 **동물**이야.

통안어는 **볼** 때마다 신기해. **머리**가 투명한 물고기거든.

여덟 살 때 수의학 명예 학위를 받은 **동물**이 있어. 치료 **개** 무스가 바로 그 주인공이지.

어느 아프리카 야생 **개**는 양쪽 **발**에 발가락이 네 개밖에 없어. 다른 개들은 다섯 개씩 있는데 말이야.

어느 보석 회사는 **변기 뚜껑** 하나에 **다이아몬드** 40,815개를 장식해서 세계 기록을 세웠어.

어느 **다이아몬드**는 **지구**의 나이만큼 오래됐어.

농구공은 처음부터 **주황색**이 아니었어. 원래는 갈색이었는데 선수와 팬들이 공을 잘 **볼** 수 있게 색깔을 바꾼 거야.

초기 **지구**는 대기의 색깔 때문에 우주에서 보면 **주황색**을 띠었대.

꽃은 놀라워!

캥거루**발**이라는 식물은 꽃이 캥거루 발톱을 닮아서 그런 이름이 붙었어.

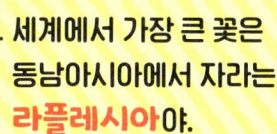

세계에서 가장 큰 꽃은 동남아시아에서 자라는 **라플레시아**야. '송장꽃'이라고 하지. 무게는 테리어만큼 나가고, 꽃의 입구는 아기가 들어갈 만큼 커.

발사나무는 밤에 꽃을 피워.

펄럭펄럭

나비는 발로 식물의 맛을 봐. 발에 혀가 달린 셈이지.

쩝 쩝 쩝

꽃과 식물 · 79

제왕나비는 매년 멕시코에서 캐나다까지 이동해. 그렇게 멀리 가는 동안 많게는 다섯 세대가 바뀌지. 그래서 어떤 나비는 이동을 시작한 나비의 **손자의 손자**가 여행을 마무리하기도 해.

얼른 짐 싸!

나 비 • 81

동물은 **먹이나 물을 찾아** 이동해.
한 장소에만 머무르면 먹이를
구하기가 어렵거든.

큰뒷부리도요는 **알래스카에서 뉴질랜드까지**
매년 11,265킬로미터를 날아서 이동해.
중간에 멈추지 않고 갈 때도 있어.

오스트레일리아의 크리스마스섬 주민들은 이 지역에 사는 홍게를 위해 다리와 터널을 지었어. 숲에서 바다까지 **안전하게 이동**할 수 있게 말이야.

휴가를 떠나자!

먼 거리를 이동하는 새들은 날면서 잠을 자는데, 어떤 새는 하루에 **12초**씩 낮잠을 자!

황금해파리 수백만 마리가 매일 **태양**을 따라 남태평양 팔라우섬의 호수를 가로질러 이동해. 햇빛을 받으면 해파리 몸속에 사는 해조류가 잘 자라서 해파리에게 먹이를 주기 때문이야.

아이 좋다!

156쪽으로 가시오.

동물 이주 • 83

국제 우주 정거장에서 4,400만 원으로 하룻밤을 잘 수 있는 때가 곧 올 거야. 단, 지구에서 국제 우주 정거장까지 가는 로켓선 비용은 따로 더 내야지

모두 로켓 과학 덕분이야.

팰컨 헤비는

세계에서 가장 강력한 로켓이야.
엔진이 스물일곱 개나 달렸고,
비행기 열여덟 대에 맞먹는
추진력을 낼 수 있어.

관제 센터, 로켓이 곧 발사된다!

로켓 · 87

파커 태양 탐사선은 세상에서 **가장 빠른** 우주선이야. 최고 속력이 시속 692,000킬로미터나 되지. 우주 왕복선보다 스물네 배나 더 빨라.

달까지 자전거를 타고 가면 적어도 267일이 걸릴 거야.

달에서도 지진이 일어나. 달에서 일어나는 지진을 **월진**이라고 불러.

지구에서 발견한 **다이아몬드** 중에 지금은 태양계에 없는 행성에서 온 다이아몬드가 있어.

얼마 전까지 관찰한 별 중에서 **가장 멀리 있는 별**은 무려 90억 광년이나 떨어져 있었어.

금성의 온도는 섭씨 480도나 돼. 납을 녹일 정도로 **뜨겁지**.

지글거리는 소리를 더 듣고 싶니?

172쪽으로 가시오.

별똥별은 유성체가 지구의 대기권으로 들어올 때 불에 타면서 보이는 밝은 빛줄기야.
금성보다 밝은 별똥별을 **파이어볼**, 또는 **화구**라고 불러.

보이저 1호와 2호는 1977년에 발사된 우주 탐사선이야. 태양에서 점점 멀어지면서 177억 킬로미터나 떨어진 곳을 날고 있지. 앞으로 적어도 4만 년 동안은 다른 별을 만나지 못할 거야.

빛이 태양에서 지구까지 오는 데 **걸리는** 시간은 8분 20초!

목성의 하루는 고작 **열 시간**이야.

매일 우주에서 지구로 돌덩어리들이 떨어져. 다 합치면 44,000 킬로그램도 넘어. 고작 **먼지 한 점** 크기인 것들도 있지.

먼지보다 큰 운석을 만나 볼까?

지구와 충돌해 공룡을 **멸종**시킨 우주 바위는 너비 12킬로미터짜리 소행성이었어. 버스 1,131대를 한 줄로 늘어놓은 길이와 같아.

과학자들 말에 따르면 공룡도 짝을 유혹하려고 새처럼 **춤을 추었을** 거래.

……미국 플로리다주 탬파에 **리사이클로사우루스**가 살고 있어. 재활용품으로 만든 티라노사우루스 렉스 조형물로, 높이가 7.6미터야. 재활용을 뜻하는 영어 단어 리사이클(recycle)에서 따온 이름이지. 이 공룡의 피부는 주황색 공사장 울타리를 재활용해서 만들었어……

과학자들은 모든 대륙에서 공룡 화석을 발견했어. 남극에서까지 말이야.

알을 구경하러 갈래?

어떤 공룡은 파란색 알을 낳았대.

공룡 • 91

대부분의 알은 하얀색에서 시작하지만 시간이 지나면서 일부는 갈색, 초록색, 파란색, 심지어 검은색으로 변해.

닭의 귓불 색깔을 보면 달걀이 어떤 색인지 알 수 있어.

색깔을 더 보고 싶니? 160쪽으로 가시오.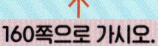

삶은 달걀 먹기 세계 대회

우승자는 8분 동안 무려 달걀 141개를 먹어 치웠어.

쩝쩝!

아폴로 11호는 최초로 달에 착륙한 우주선이야. 아폴로호 우주 비행사들이 아침으로 **콘플레이크**를 먹으려고 가져갔는데, 먹지 않고 지구에 도로 가져왔대.

모로코 사람들은 전통적으로 아침에 **바그리르**를 먹어. 바그리르는 구멍이 1,000개이상인 촘촘한 팬케이크야.

커피 타임이니 쉴까?

구멍 속으로 빠져든다!

네덜란드에서는 아침으로 **초콜릿 조각**을 뿌린 빵을 먹기도 해. 우박이 떨어지는 폭우라는 뜻에서 '하헐스라흐'라고 부르지.

사실 **커피콩**은 버찌처럼 생긴 커피나무 열매 안에 든 씨앗이야.

44쪽으로 가시오.

아침 식사 · 95

전설에 따르면 에티오피아의 한 염소지기가 커피를 발견했대. 커피 식물을 먹은 **염소**가  활기차게 뛰어다니는 걸 보고 알았다지 뭐야!

염소의 눈동자는 **직사각형**이야.

직사각형은 네 개의 곧은 면이 있어.

작가들이 즐겨 사용하는 깃털펜은 거위나 백조의 날개 **깃털** 중에서도 가장 큰 다섯 개로만 만들었어.

이를 닦을 때 호저의 가시를 사용한 **작가**가 있어. 바로 대 플리니우스야.

불소는 암석에서 추출한 **광물**이야. **이**를 썩지 않게 하려고 치약에 넣기도 하지.

깃털 달린 공룡 중에 가장 큰 놈은 몸길이가 7미터쯤 되는 티라노사우루스인데, 수컷 **고릴라** 열 마리를 합친 것만큼 무거웠대.

고릴라 코의 무늬는 사람의 지문이랑 비슷해. 서로 무늬가 똑같은 고릴라는 없다는 말이야.

한 종만 있다고 알려진 동물이 네 종으로 밝혀졌어. 바로 기린이 그 주인공이지.

기린도 다른 포유류처럼 목뼈가 모두 일곱 개야.

석기 시대 동굴 화가들은 반짝거리는 페인트로 그림을 그렸어. 광물 가루인 '운모'를 섞어서 만든 거야.

일곱 해마다 에펠탑을 새로 칠하는데, 페인트를 총 54,000킬로그램이나 사용해.

사람의 코는 무려 1조 가지나 되는 냄새를 구별할 수 있어.

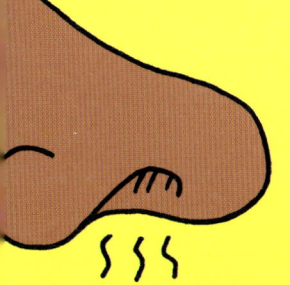

쌍봉낙타는 특별한 냄새를 맡을 수 있어. 바로 물속에 들어 있는 세균의 냄새! 그래서 80킬로미터나 떨어진 곳에서도 물이 있는 곳을 찾을 수 있지. 개코가 따로 없군!

고작 흙 1그램 안에 세균이 10억 마리나 들어 있어.

땅을 파 보자.

미국 프레리 초원의 장초는 뿌리가 흙 속으로 4미터나 파고들지

...벌거숭이두더지쥐는 땅굴의 벽에 머리를

루마니아의 어느 오래된 소금 광산이 지하 **놀이동산**으로 변신했어. 볼링장과 미니 골프장, 관람차까지 없는 게 없다고!

부딪쳐서 나는 소리로 서로 소식을 주고받아…

지렁이는 다리가 없는 대신 몸에 강모라는 **짧고 뻣뻣한 털**이 덮여 있어서 땅을 파고 움직일 수 있어……

지구의 중심은 땅속으로 2,900킬로미터 아래에 있어. 에베레스트산 327개를 쌓아 올린 것과 같은 길이지.

땅속에서 녹아 버린 뜨거운 암석을 **마그마**라고 해. 어떤 마그마는 수성의 표면보다 세 배나 더 뜨거워.

활활 타오른다.

땅 속 • 101

화산이 폭발할 때 공중으로 뿜어져 나오는 용암을 **스패터**라고 불러. 땅에 철퍼덕 떨어진 다음에도 녹은 채로 남아 있지.

역사에 기록된 가장 **큰 소리**는 1883년 인도네시아 크라카타우 화산의 폭발음이었어. 그 소리가 어찌나 컸는지 폭발할 때 생긴 음파가 지구를 네 바퀴나 돌았대.

스페인 카나리아제도의 어느 식당에서는 화산에서 나오는 **열로** 음식을 만든대.

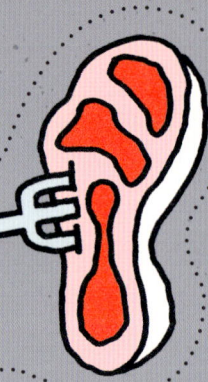

어떤 새는 알을 직접 품는 대신 화산재 속에 알을 **묻고** 그 열기로 따뜻하게 해 주지.

알을 깨고 나와라!

92쪽으로 가시오.

102 · 화산

탄자니아의 어느 화산에서 흘러나오는 용암은 검은색이거나 은색이야. 카보나타이트라는 특별한 암석이 들어 있기 때문이지

암석을 캐러 가자!

정동석은 속이 빈 암석인데 안에 결정이 들어 있어.
보통 한 손에 쥘 수 있을 만큼 크기가 작지. 하지만
길이가 8미터나 되는 정동석이 발견된 적도 있어.
그 안에 들어 있는 결정은 사람 키만 해!

보물을 찾고 싶다면 이쪽으로 가 봐.

아프가니스탄의 **박트리아 유적**에서
엄청난 양의 보물이 발견되었어.
황금 장신구와 무기들이 들어 있었지.
그중에서도 황금 왕관은 어찌나 금을 얇게 펴서
만들었는지 접을 수 있을 정도야.

황금을 찾으러 출발! 136쪽으로 가시오.

해적은 원래 보물을
땅속에 묻지 않았어.
하지만 **윌리엄 키드 선장**은
미국 뉴욕의 롱아일랜드 해안에
자신의 전리품을 묻어 두었대. 어이, 거기 해적들!

전설에 따르면 그 이름도 유명한 해적 **검은수염**은 모자 밑에 불붙인 도화선을 넣고 나타나 적들을 겁먹게 했대!

많은 해적선에 '해적 규칙'이라는 법이 있었어. 해적들은 모두 그 법을 따라야 했지. 그중 하나가 저녁 여덟 시 이후 통행금지였어..

규칙을 따르라!

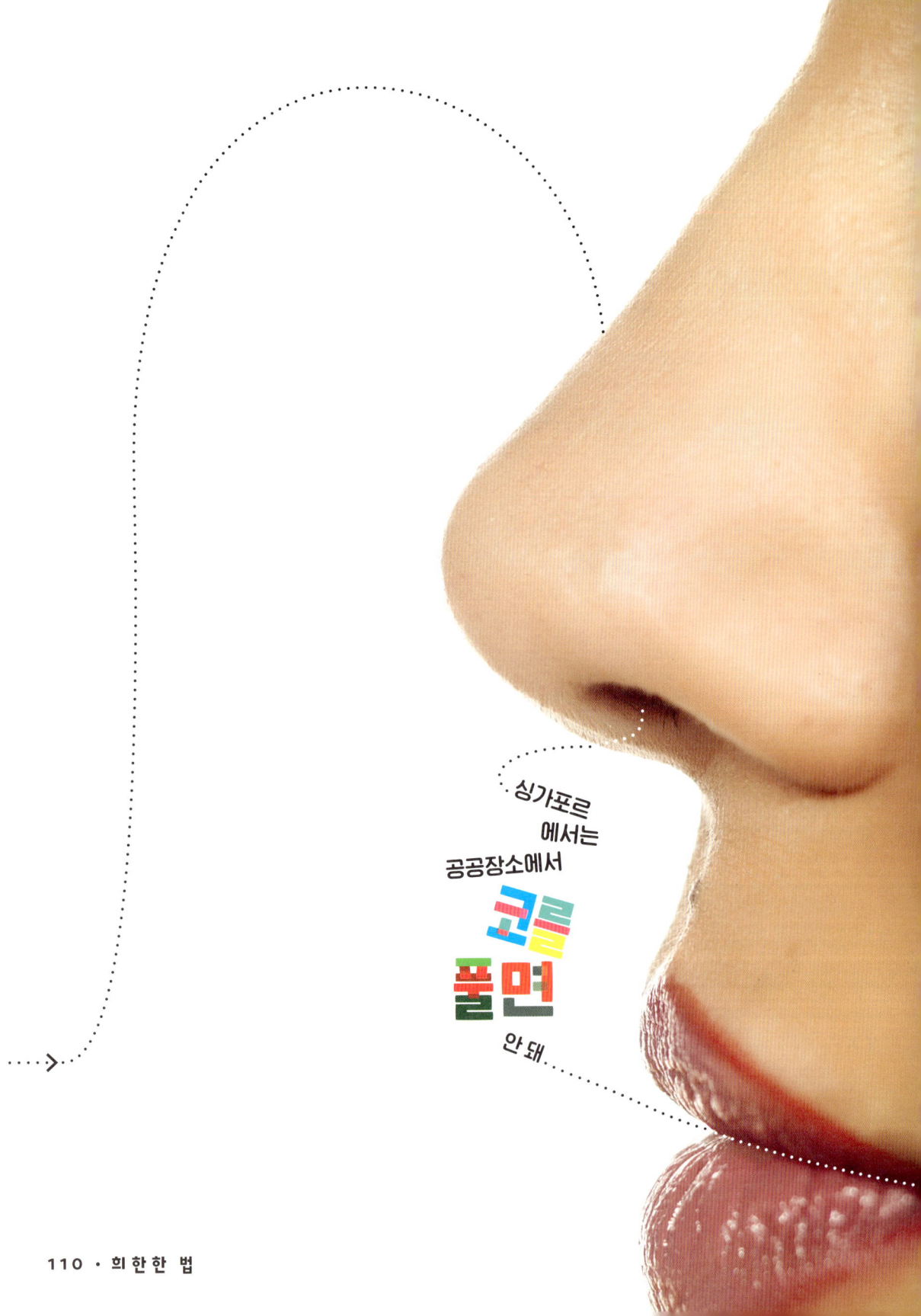

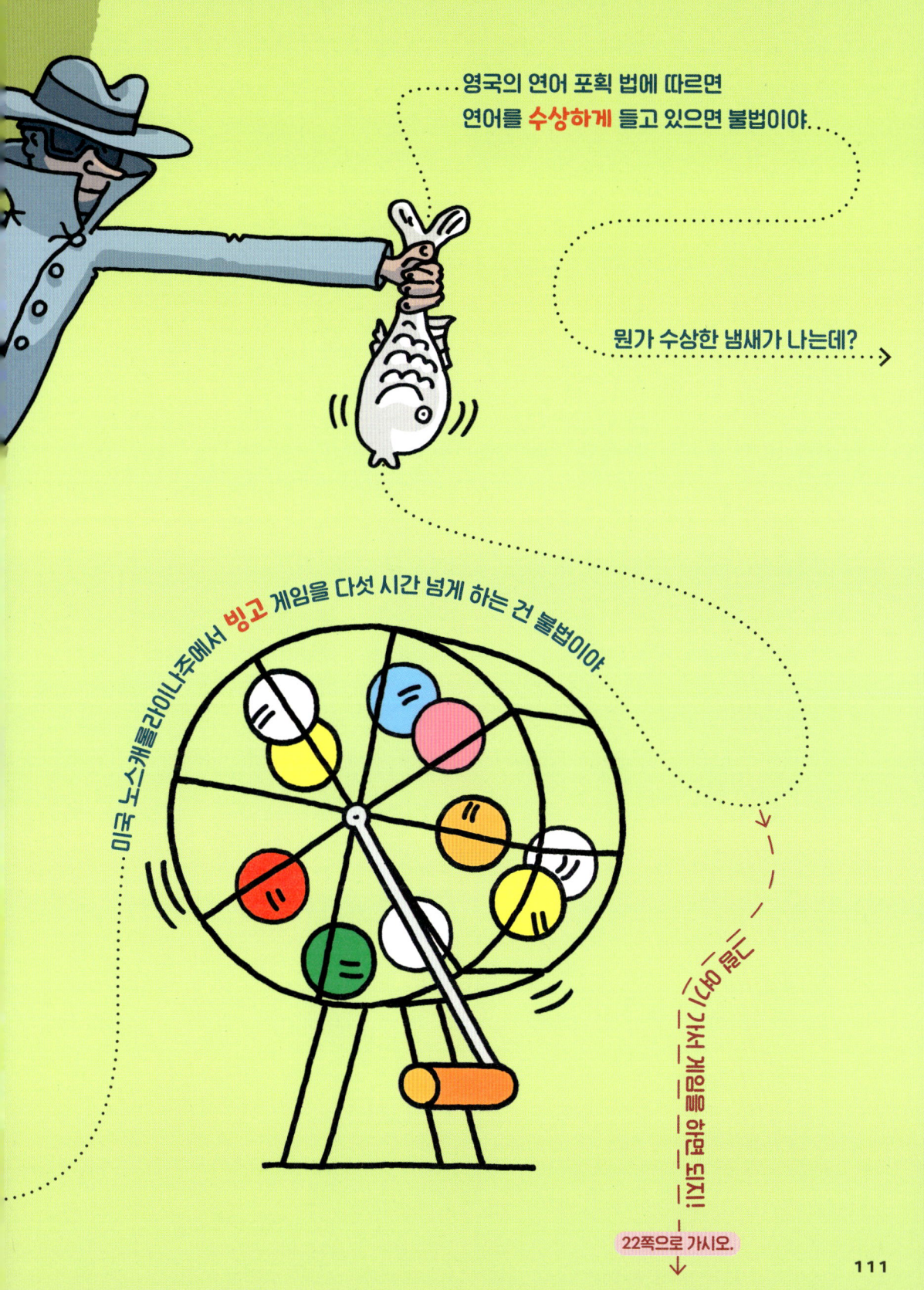

지구에는 양서류, 파충류, 조류, 포유류를 모두 합친 것보다 어류가 더 많아.

지구의 중심은 단단한 금속 공이야.

플라스틱 집을 본 적 있니? 전 세계에 유에프오(UFO)처럼 생긴 플라스틱 집이 70채 정도 있어.

헬륨 풍선 2,350만 개를 매달면 작은 집 한 채를 공중으로 들어 올릴 수 있어.

공식적인 유에프오(UFO) 착륙장이 캐나다 앨버타주에 있어.

캐나다는 세계에서 한 사람당 도넛 가게가 가장 많은 나라야.

갈륨이라는 금속은 손에 올려놓으면 녹아내려.

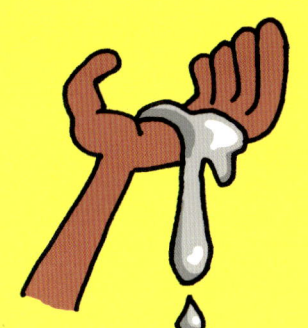

칠레의 아타카마사막에는 모래 밖으로 10미터 높이의 왼손 조형물이 솟아 있어.

제프 쿤스는 독특한 조형물을 만드는 예술가야. 스테인리스 스틸로 만든 대형 풍선 강아지 조형물이 유명하지. 그중 하나가 750억 원에 팔렸어.

오징어 다리를 질겅질겅 씹는 맛이란!

대왕오징어의 뇌는 도넛처럼 생겼어. 오징어의 목구멍이 뇌의 가운데를 통과하지.

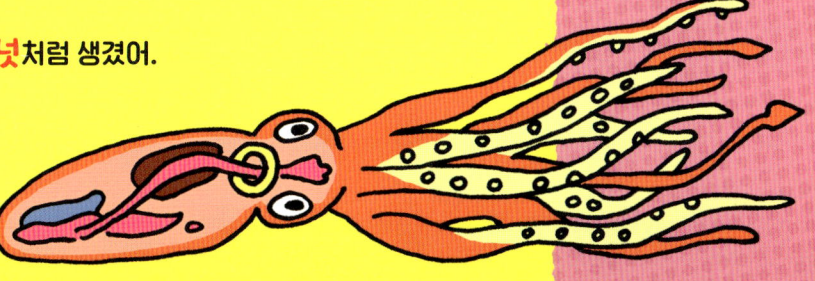

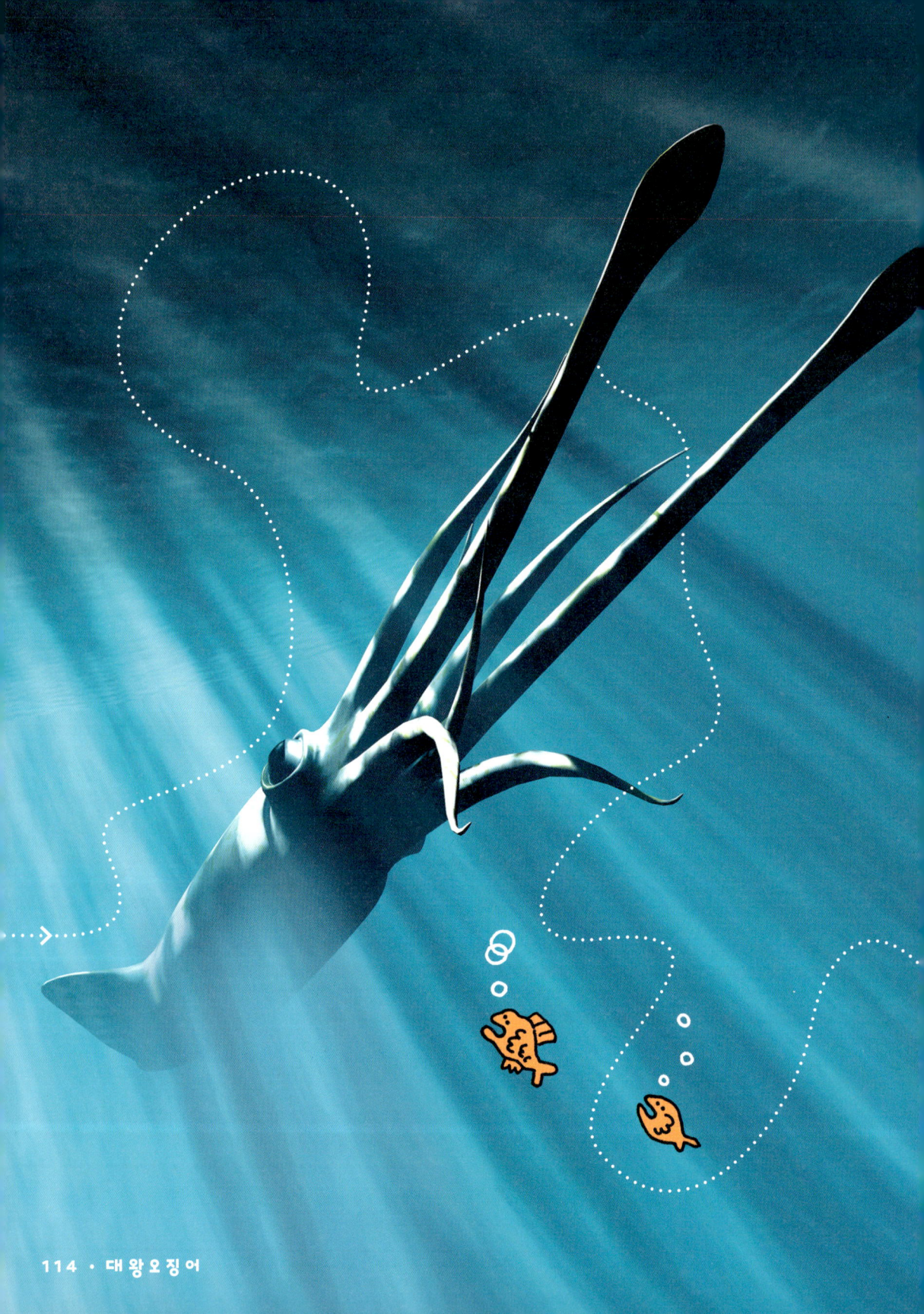

대왕오징어는 세상에서 가장 큰 눈을 가졌어. 눈 크기가 커다란 접시만 해.

가장 큰 것부터 볼까?

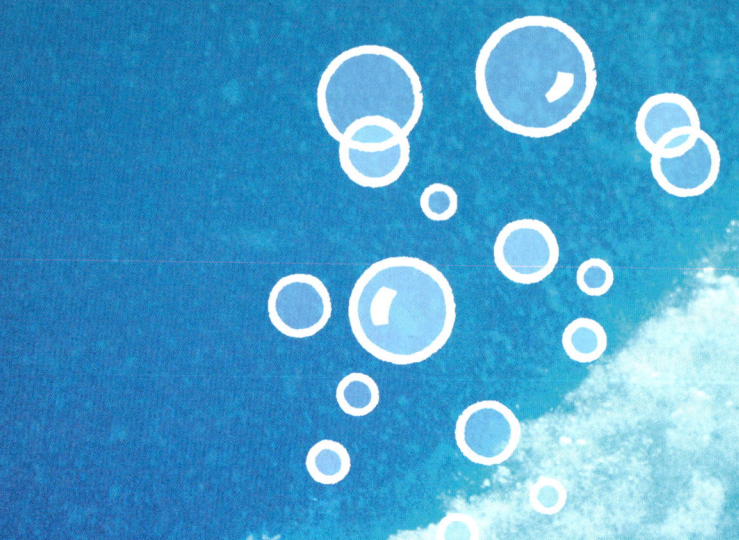

대왕고래의 **혀** 무게는 코끼리 한 마리 무게와 같아

태양계에서 가장 큰 산은 화성에 있는 **올림퍼스산**이야. 높이가 22킬로미터나 되지. 에베레스트산보다 2.5배 더 높아.

가장 작은 것도 봐야지!

과학자들은 떼로 몰려다니면서 다른 세균을 사냥하는 균주를 '늑대 무리'라고 불러.

해달은 쉴 때 여럿이 함께 서로 앞발을 붙잡고 물에 떠 있어. 1,000마리도 넘는 해달이 모여서 해달 '뗏목'을 만들기도 하지.

퍼그 무리를 영어로 **'투덜이들(grumble)'** 이라고 해. 투덜거리는 것처럼 보이니?

세상에서 가장 큰 새 **둥지**는 너비가 2.7미터야. 흰머리수리 두 마리가 지었지. 무게는 2,000킬로그램이나 된다고. 자동차 한 대보다 무겁다니까!

어떤 맹금류는 실제로 지구의 자기장을 눈으로 **볼** 수 있어.

지켜보고 있다!

미국 텍사스주 댈러스의 한 호텔 앞에 높이 9.1미터짜리 눈알 조형물이 서 있어. 예술가가 자신의 푸른 눈을 **본떠서** 만들었대.

공작갯가재는 눈에
색깔 수용기가 **열여섯** 개나 있어.
인간은 고작 세 개뿐인데.

조심해! 뿔도마뱀은
포식자를 만나면
눈에서 **피를 쏘아 대니까**.

발사!

별난 건물은 또 있지.

60쪽으로 가시오.

눈 · 125

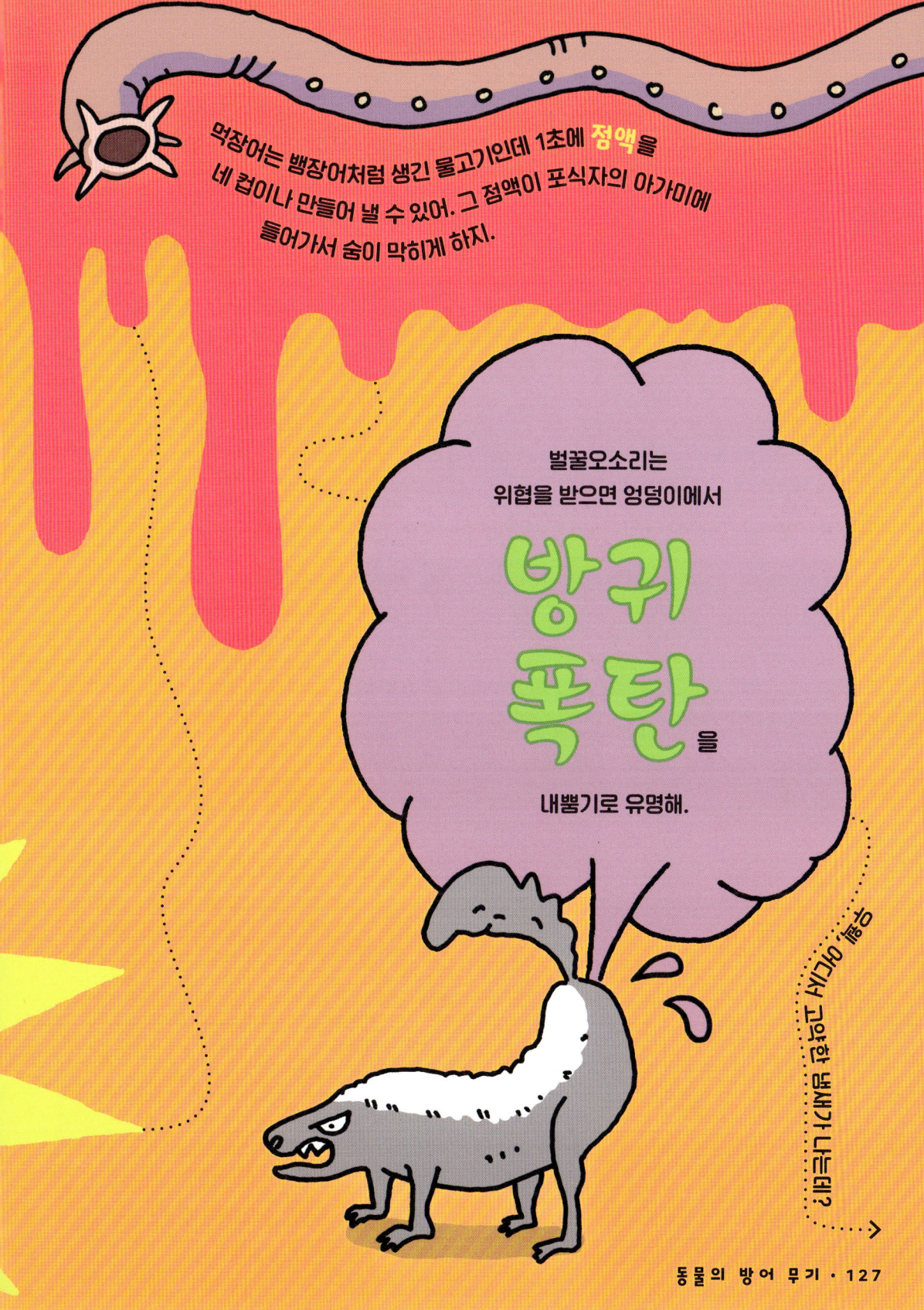

페루의 어느 절벽에는 **유리** 캡슐 호텔이 매달려 있어.

섬전암은 **유리**와 비슷해. **번개**가 모래에 떨어져서 생기는 돌덩어리지.

번개 근처의 공기는 **태양** 표면보다 다섯 배나 더 뜨거워.

칼새는 동굴에 사는 동남아시아 새야. **침**을 이용해서 **둥지**를 짓지.

가시올빼미는 프레리도그 같은 동물이 파 놓은 땅굴을 훔쳐서 **둥지**로 삼아. 다른 동물의 **똥**으로 둥지를 장식하곤 해.

똥 화석을 분석이라고 불러.

과학자들이 5,700만 년 된 **화석**을 발견했어. 바로 **펭귄**의 화석이었지. 살아 있었으면 어른 키만 했을 거래!

펭귄은 **냄새**로 가족을 알아봐.

태양에는 시속 30만 킬로미터로 회전하는 **토네이도**가 발생해. 지구에서 기록된 가장 빠른 토네이도보다 600배나 더 빠르지.

토네이도가 바다에서 일어나면 거대한 **물** 기둥이 생기는데, 이를 용오름이라고 해.

진드기는 **침**을 뱉어서 시멘트 같은 풀을 만들어. 그걸 발라서 숙주 몸에 들러붙지.

사막꿩은 비둘기하고 친척인 새야. 새끼에게 **물**을 먹일 때 **깃털**을 물에 적신 다음 짜서 먹이지.

과학자들이 공룡 **깃털** 화석을 발견했는데, 이와 **진드기** 같은 화석 기생충이 뒤덮여 있었대.

털 달린 친구들한테 가자.

냄새 수용기가 많으면 냄새를 잘 맡아. **개**의 코에는 3억 개의 냄새 수용기가 있어. 사람한테는 600만 개뿐이야.

고대 중국에 '소매 개'라고 불리는 **개**가 있었어. 너무 작아서 옷소매에 넣고 다녔거든.

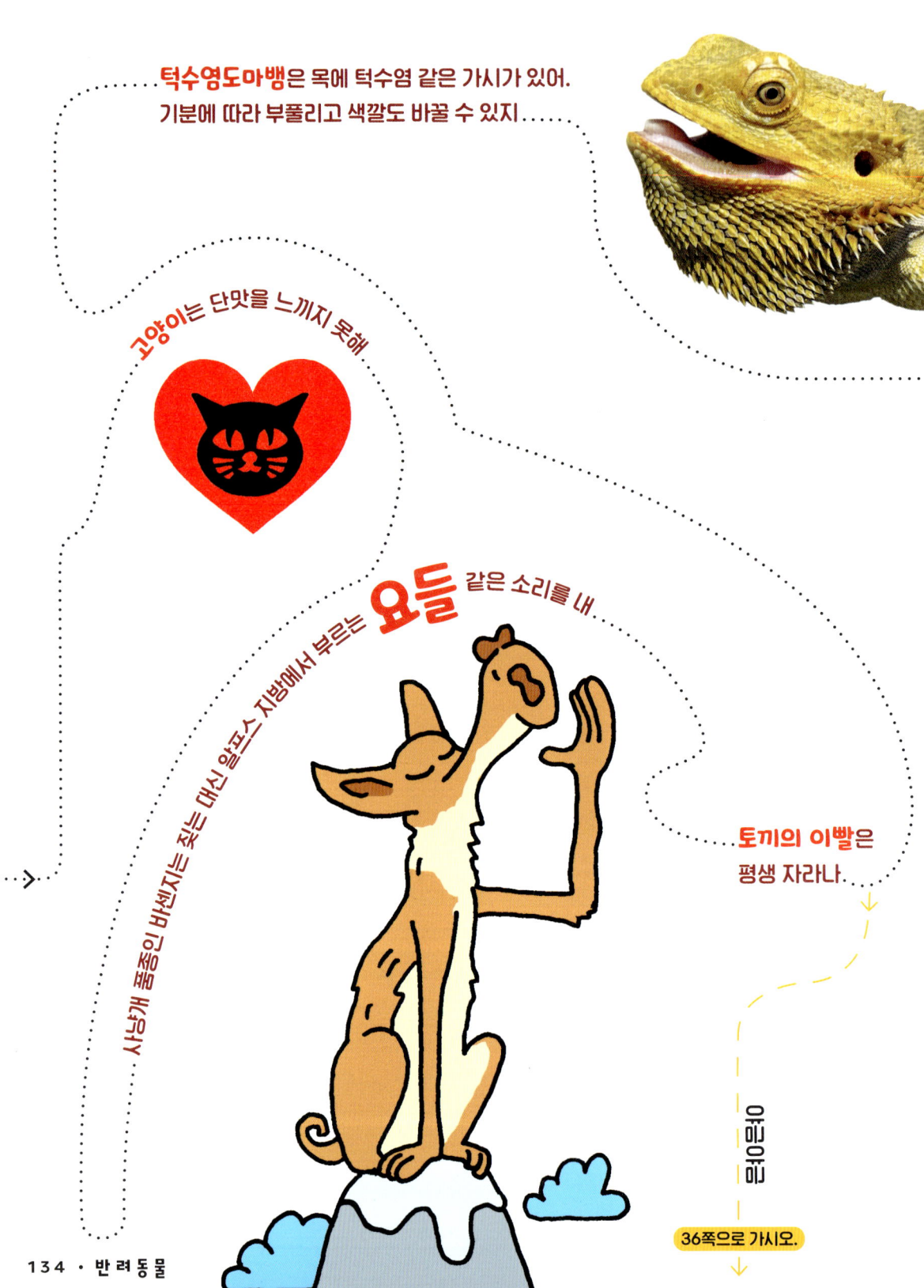

고대 중국에서 **금붕어**는 행운의 상징이었어.
아주 귀해서 왕족들만 기를 수 있었지.

황금을 찾아 떠나자!

과학자들이 그러는데,
지구에 있는 금 중에는
우주에서 날아온 것도 있대.

바다에는
12,700킬로그램의
황금이
녹아 있어.

제임스 웹 우주 망원경은
열여덟 개의 거울로 만들어졌어.
모두 얇게 금이 발라져 있지.

...황철석은 금하고 아주 비슷하게 생겼어.
오죽하면 '바보의 금'이라고 부를까.
황철석과 금을 어떻게 구별하는지 알아?
금속으로 내리쳐서 **불꽃**이 튀면 황철석,
그렇지 않으면 금이야......

오, 좋은 정보!

고작 28그램의 금을 **늘여서** 길이가 80킬로미터나 되는 아주 가는 전선을 만들 수 있어.

치장게는 자기 몸에 돌멩이, 산호, 심지어 말미잘이나 성게를 붙여서 **위장**해. 몸에 찍찍이 테이프 같은 털이 나 있어서 바다 장신구들이 잘 들러붙지.

씬벵이의 머리 꼭대기에는 꼼지락거리는 벌레처럼 생긴 **미끼**가 달려 있어. 씬벵이는 이 미끼로 다른 물고기들을 유인해서 가까이 다가오면 잡아먹곤 하지.

이제 보니 징그래!

흉내문어는 몸의 색깔뿐 아니라 **몸의 모양**까지 바꿀 수 있어. 게, 바다뱀, 해마까지 흉내 낸다니까.

위 장 · 139

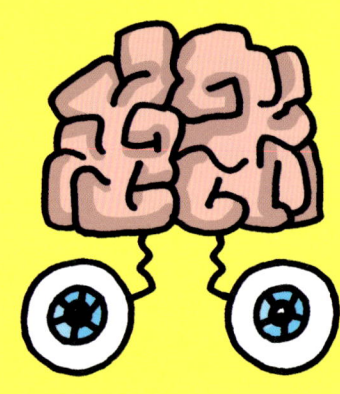

너희 눈이 본 것을 뇌가 처리하는 데 고작 13밀리초가 걸려. 1밀리초는 1000분의 1초야.

뇌에서 보내는 **전기** 신호는 시속 435킬로미터로 전달돼. 세계에서 가장 빠른 기차보다 빠른 거야.

병에 든 **배** 모형 중에 가장 큰 것은 **유리병** 속에 어른이 들어가서 서도 될 정도로 커.

과학자들은 **플라스틱**을 먹는 **세균**을 발견했어.

유리병은 분해되는 데 100만 년이 걸리고, **플라스틱** 병은 분해되는 데 450년도 넘게 걸려.

너희 집 콘센트에 들어오는 전기보다 강한 전기를 내는 생물이 있어. 전기뱀장어는 860볼트 전기로 먹잇감에게 충격을 줘.

뱀장어의 한 종류인 곰치는 자기 몸을 꼬아서 매듭을 만들 수 있어.

매듭은 여러 모양으로 만들 수 있는데, 배를 타는 선원들은 매듭 묶는 법을 꼭 배워야 하지.

세균이 가장 많은 곳 중 하나는 화장실이야. 변기 뚜껑을 열고 물을 내리면 공기 중으로 세균이 1.8미터나 날아갈 수 있어.

두루마리 휴지를 술술 풀어라!

화장실 휴지는 6세기 중국에서 가장 먼저 사용되었어. 삼이나 벼, 심지어 학자들이 글씨를 썼던 종이를 사용했대.

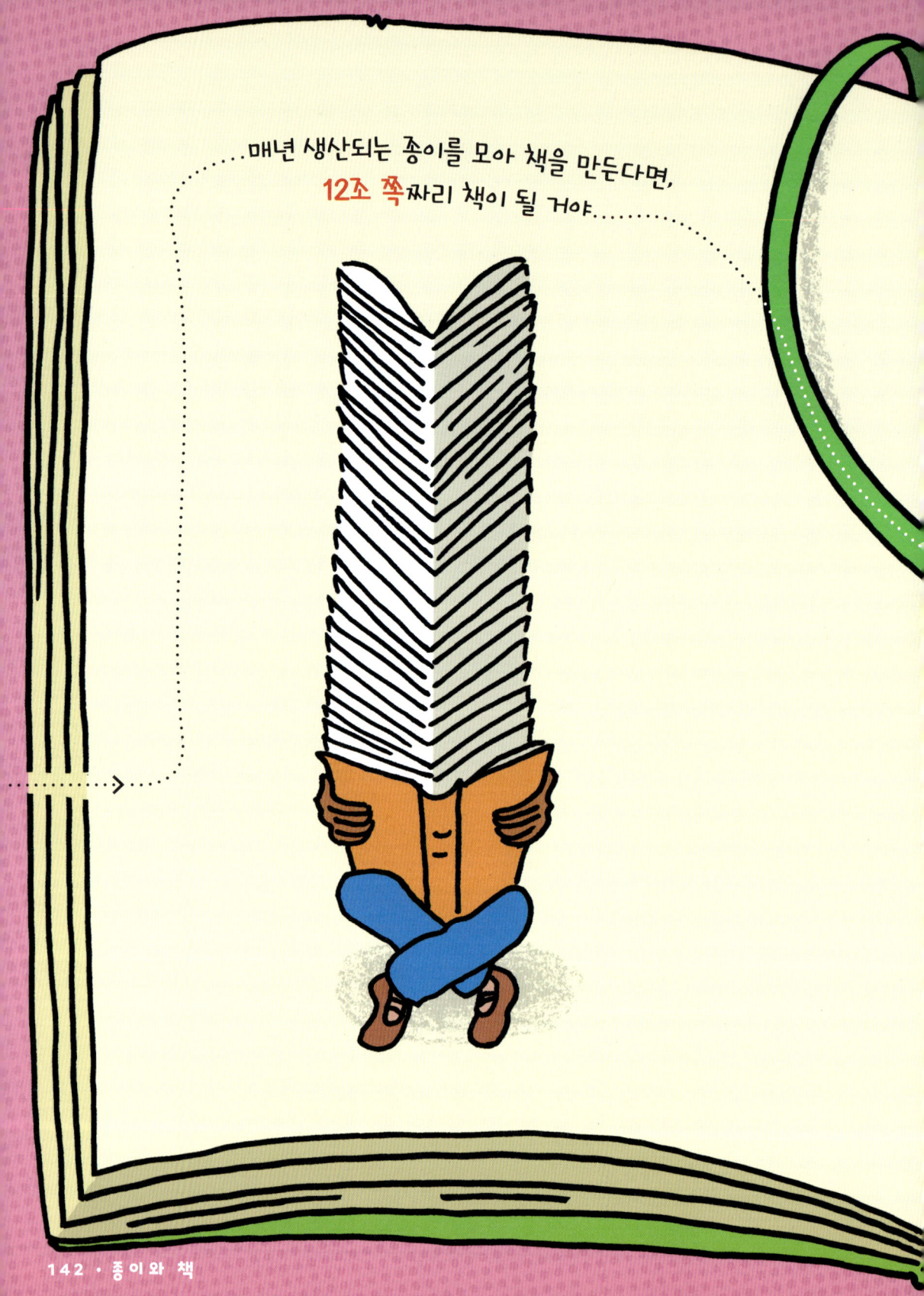

보이니치 필사본은 600년 전에 만들어진 수수께끼 같은 책이야. 용이나 성, 식물들이 그려져 있고 **알 수 없는 글자**가 잔뜩 쓰여 있는데 역사학자나 암호 해독자조차 아직 그 의미를 풀지 못했대······

과연 어떤 언어일까?

'토키 포나'라는 언어는 고작 **123개 단어**로 이루어져 있어. 배우기 쉽겠는걸?

특정 영화나 드라마에서만 사용하는 **새로운 언어**를 만드는 직업도 있어.

전 세계 쌍둥이 중 40퍼센트는 다른 사람들이 이해하지 못하는 **둘만의 언어**를 만들어서 소통한대.

내가 쌍둥이로 보이니?

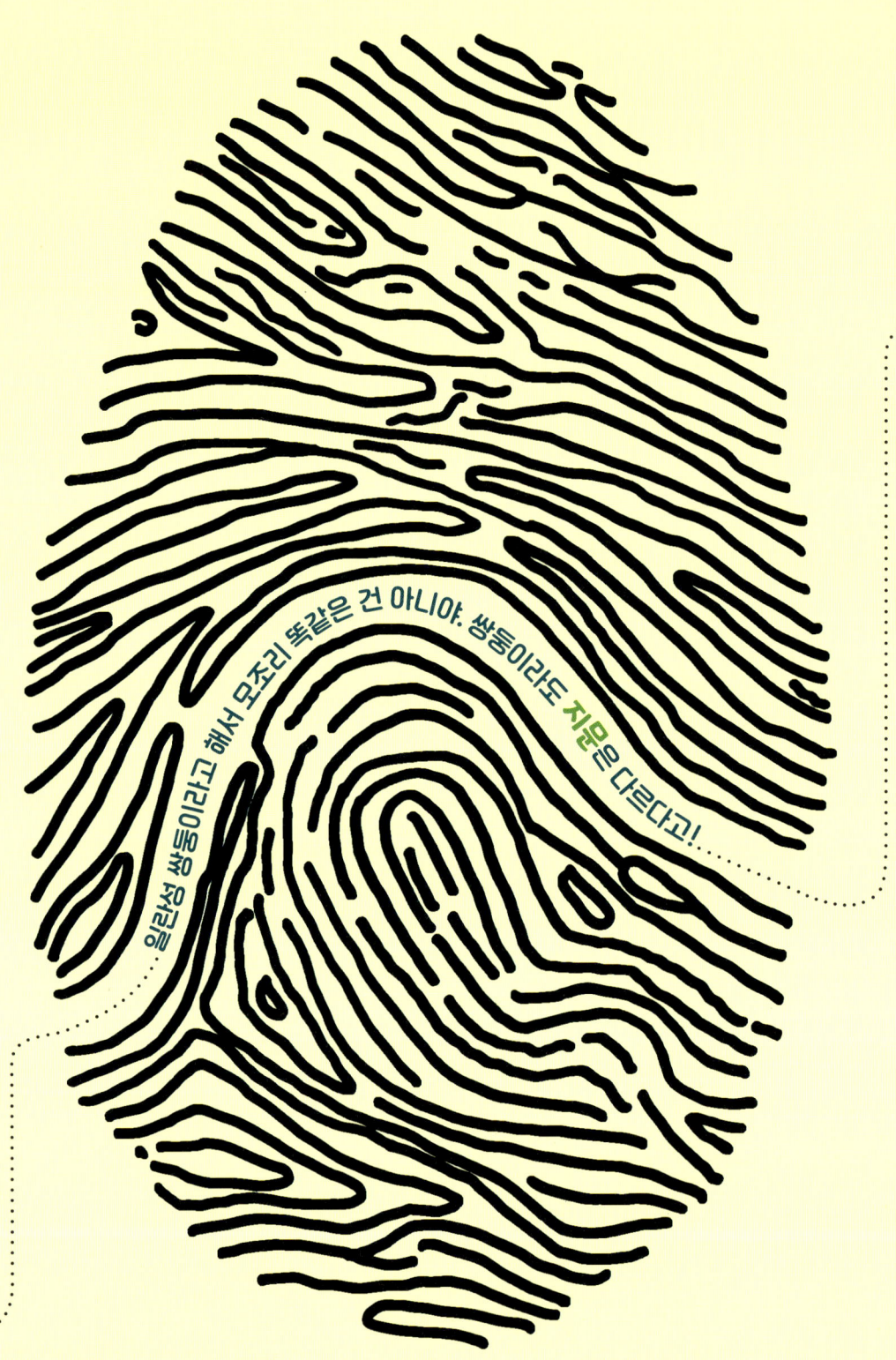

느릿느릿······>

나무늘보가 느릿느릿 움직이네.
유명한 빠르기의 동물이 그건 이름이 붙었어.
지에에서 가장 느린 동물중 하나이지.
동아서 느리지 않에서 시물이 자란대.

금성은 태양계에서 자전 속도가 가장 느려.

한 바퀴를 완전히 도는 데 243일이나 걸리거든.

지금까지 발견된 **행성** 중에 가장 빠르게 자전하는 것은 '화가자리 베타 b'야.
시속 9만 킬로미터로 빨리 자전해서 하루가 여덟 시간밖에 안 돼.
지구는 고작 시속 1,609킬로미터의 속력으로 회전하는데 말이야.

시야가 넓어!

8쪽으로 가시오.

매년 너희의 **피부**는 많게는 스물여섯 번씩 벗겨지고 다시 생겨. 다시 시작할까?

전 세계에서 매년 1억 3,000만 명의

사람은 1년에 눈을 무려 1,050만 번이나 **깜빡거려**. 눈을 깜빡거리면 눈이 촉촉해질 뿐만 아니라, 뇌가 주의를 다시 집중하는 걸 도와줘.

전문가의 말에 따르면 지구에서 1년에 감지할 수 있는 **지진**만 50만 번쯤 일어난대.

아침에 시계 **알람 소리**를 듣고 일어나는 사람은 꿈을 기억하기가 더 어려울 거야.

쉿!

124쪽으로 가시오.

보는 데는 지장 없다고.

동물이나 사람의 **양쪽 눈 색깔이 서로 다른** 현상을 '홍채 이색증'이라고 해.

어떤 **문어**는 자는 동안 몸 색깔이 변해.

페루의 무지개산은 '일곱 색깔 산'이라고 불리는데 금색, 청록색, 빨간색, 보라색 **줄무늬**가 있어.

무지개 너머에는 뭐가 있을까?

188쪽으로 가시오.

색깔 · 161

달무지개는 달빛이 물방울에

고대 오스트레일리아 문화에서는

모든 무지개는 첫 번째 무지개 위로

하와이의 무지개 폭포는 폭포의

북유럽 신화에 나오는 무지개 다리 비프로스트는

가장 오래 떠 있던 무지개는

무지개는 원래 원형이라 끝이 없어. 비행기를 타면

굴절되어 생기는 무지개를 말해

거대한 무지개 뱀이 이 땅을 만들었다고 믿었어

두 번째 무지개가 희미하게 떠 있어

물보라 때문에 생기는 무지개로 유명해

신들의 땅과 인간 세계를 이어 주지

무려 아홉 시간이나 보였어

동그라미 전체가 다 보일 때도 있지

둥글게 둥글게!

무늬가 보인다.

원 모양으로 둥글게 풀들이 자라서 수천 개의 둥근 맨땅(원)이 생기는 곳이 있어. 과학자들도 아직 이 '요정의 동그라미'가 생기는 이유는 잘 모른대.

기린은 **얼룩**무늬가 있어서 사바나 초원에서 몸을 잘 숨길 수 있어. 이 무늬는 엄마가 아기한테 물려주는 거야.

주사위는 각 면에 1에서 6까지의 **점 무늬**가 있는데, 고대의 주사위와 현대의 주사위에 새겨진 점 무늬는 서로 닮았대.

프랙털은 같은 무늬가 다른 크기와 비율로 계속해서 나타나는 걸 말해.
프랙털의 예로 브로콜리, 해안선, 나무껍질, 눈 결정이 있어.

펄펄 눈이 옵니다!

눈송이는 서로 붙어 있는 수많은 눈 결정들로 이루어졌어.
과학자들이 계산해 보니까 매년 겨울에 하늘에서

1,000,000,000,000,000

오들오들!

000,000,000,000 개의

눈 결정이
내려온다지 뭐야...

지구에서 기록된 **가장 차가운** 기온이 얼마인 줄 알아? 남극 연구 기지에서 재어 보니 영하 98도였대.

옛날 로마 황제들도 **아이스크림**을 먹은 거 알아? 눈 덮인 산에서 얼음을 퍼 와서 과일과 주스로 맛을 냈대.

남극에 사는 어떤 물고기의 핏속에는 몸을 **얼지 않게 해 주는** 특별한 화학 물질이 들어 있어.

(비가 아닌) 눈이 내리는데 천둥 번개가 치면

천둥 눈

이 온다고 말해. 용어로는 썬더 스노우라고 하지.

점점 뜨거워진다니!

과학자들의 말에 따르면 토성의 위성인 타이탄에는 **얼음이 폭발하는** 얼음 화산이 있대!

차가운 것 · 171

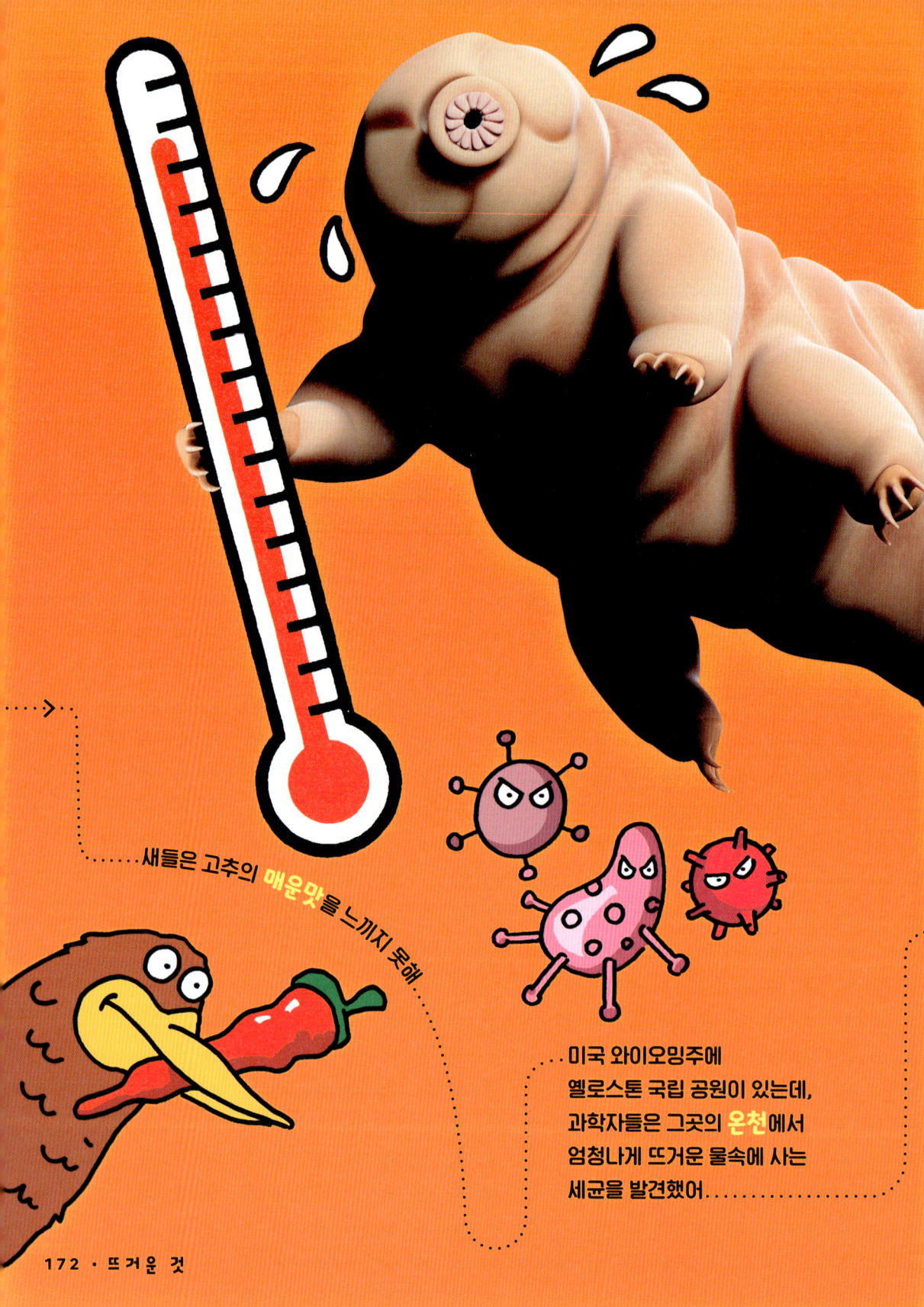

새들은 고추의 **매운맛**을 느끼지 못해

미국 와이오밍주에 옐로스톤 국립 공원이 있는데, 과학자들은 그곳의 **온천**에서 엄청나게 뜨거운 물속에 사는 세균을 발견했어

무거운 별이 죽을 때 핵 온도가 **수십억 도**까지 솟아오르면서 폭발하는데, 이런 현상을 '초신성'이라고 해.

물곰이라고도 불리는 완보동물은 극한 환경에서도 죽지 않는 지구 최강의 동물이야. 길이가 0.5밀리미터밖에 안 되는데 **끓는** 물에서도 살아남을 수 있어.

세계에서 가장 큰 **사막**은 아프리카의 사하라사막이야. 이곳에서는 '에르그'라는 커다란 모래 언덕이 바람에 밀려 이리저리 돌아다녀.

사막처럼 건조한 곳은 또 없지.

똥 보러 가자.

178쪽으로 가시오.

칠레의 아타카마사막처럼 건조한 지역을 연구하면 **화성**에서 생명체가 살 수 있는 단서를 찾을지도 몰라.

화성에서는 **파란색** 노을이 진대.

모르포나비는 **파란색**이지만 진짜 파란색은 아니야. **날개** 비늘의 돌기가 푸른빛을 반사하기 때문에 우리 눈에 그렇게 보이는 거지.

용을 닮은 코모도왕도마뱀은 세상에서 가장 큰 도마뱀이야. 입안의 분비샘에서 강력한 독이 나와서 **물소** 정도는 충분히 죽일 수 있지.

어떤 바이킹 **배**의 뱃머리에는 **용**의 머리가 조각되어 있었어.

아프리카**물소**의 두 **뿔**이 만나는 단단한 지점을 '보스'라고 해.

수컷 큰뿔양의 **뿔**은 무게가 14킬로그램까지 나가기도 해. 몸의 **뼈**를 모두 합친 무게보다 무겁지.

동물의 **뼈**는 환경에 따라 진화했어. 모든 **새**의 뼛속이 비어 있지.

날개 너비가 1.8미터나 되는 박쥐가 있어. 세상에서 가장 큰 박쥐인 날**여우**박쥐지. 날개 너비가 침대 길이만 해!

어떤 북극**여우**는 **100**년도 더 된 보금자리에서 살아.

스크래블™은 **100**개의 타일을 조합해 단어를 만드는 **게임**이야.

이집트 파라오들은 죽은 뒤에 **사후 세계**에서 살아가는 데 필요한 것들과 함께 무덤에 묻혔어. 기자에 대 피라미드를 세운 쿠푸왕은 길이가 43.9미터나 되는 **배**와 함께 묻혔지.

세상에서 가장 오래된 보드**게임**은 고대 이집트에서 유행했던 세네트야. **사후 세계**로 가는 여행을 상징하는 게임이지.

어떤 **새**는 제 몸을 온통 **개미**로 덮고 있어. 아마 개미가 다른 곤충을 퇴치하려고 분비하는 화학 물질을 이용하려는 걸 거야.

개미의 심장은 관 모양이야.

심장이 두근두근!

하트 성운은 성단의 활동 때문에 붉은색과 하트 모양을 띠어.

반짝반짝 작은 별

문어한테는 심장이 세 개나 있어!

심장 · 177

사실 **별**은 **반짝거리지** 않아.

지구의 대기가 별빛을 일그러뜨리면서 섬광이 생기기 때문에 반짝반짝하게 보이지.

지구에서 50광년 떨어진 우주에 거대한 **다이아몬드**가 있는데, 과학자들이 크기를 측정해 보니 100억의 1조 배의 1조 배짜리 캐럿이래. 오래된 별의 핵이라는군.

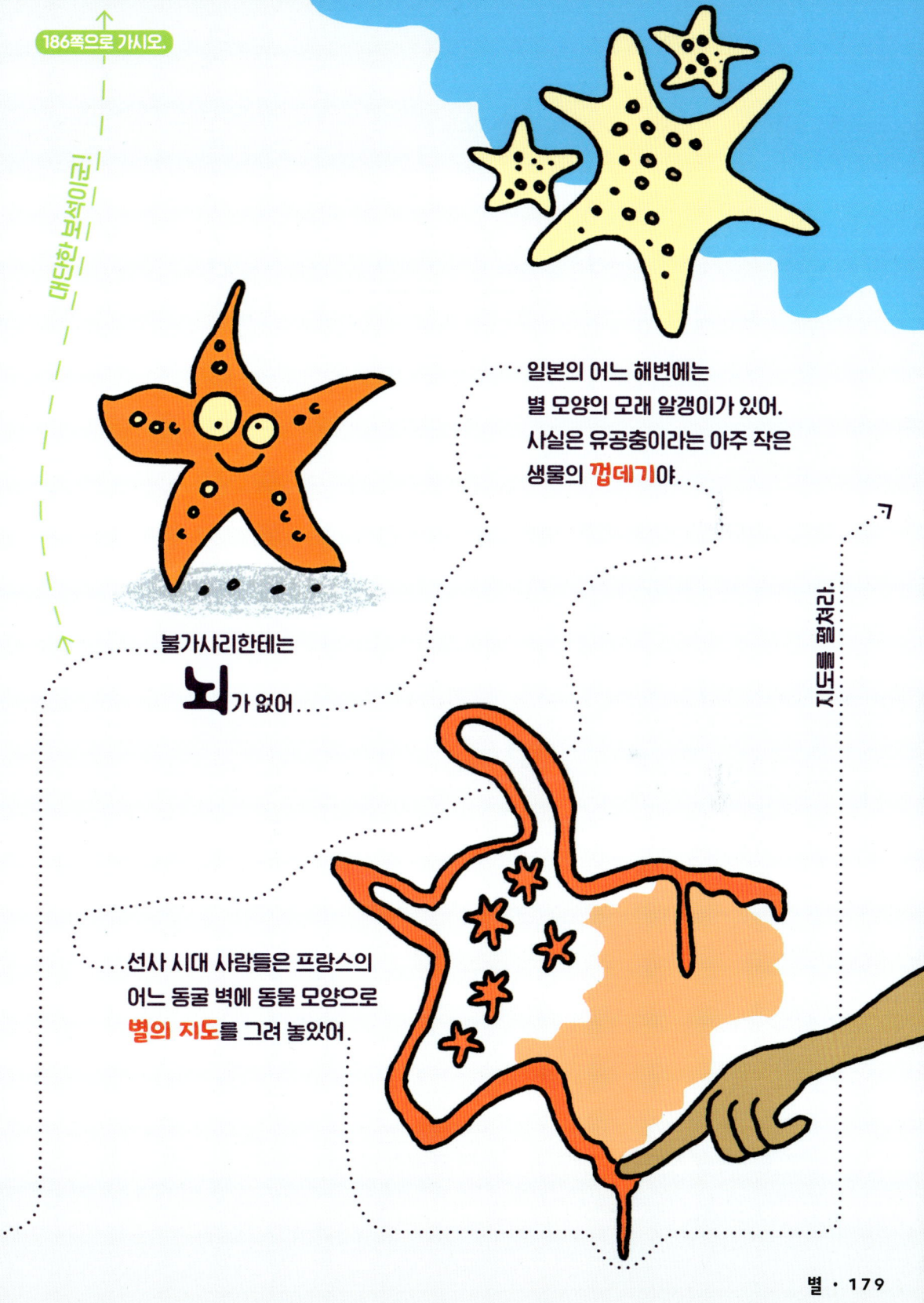

186쪽으로 가시오.

대단한 녀석이군!

일본의 어느 해변에는 별 모양의 모래 알갱이가 있어. 사실은 유공충이라는 아주 작은 생물의 **껍데기**야.

불가사리한테는 **뇌**가 없어.

지도를 펼쳐라.

선사 시대 사람들은 프랑스의 어느 동굴 벽에 동물 모양으로 **별의 지도**를 그려 놓았어.

미국 항공 우주국 '나사'는 지구에 오는 방법이 적힌 지도를 우주로 보냈어.

매년 **뉴질랜드**의 더니든 주민들은 세계에서 가장 경사가 급한 볼드윈 거리에서 25,000개의 빨간 사탕을 굴리는 경주를 해.

최초의 농구 골대 **그물**은 **복숭아** 바구니였어.

혹등고래는 가끔 원을 그리면서 공기 **방울**을 불어 댈 때가 있어. 공기 방울 **그물**로 먹잇감을 가두고 잡아먹으려는 거야.

미국 사우스캐롤라이나주에는 세계에서 가장 큰 **복숭아** '피초이드'가 있어. 사실은 370만 리터의 **물**을 저장하는 급수탑이지.

뉴질랜드에서 슈렉이라는 이름의 **양**이 사라졌다가 6년 만에 돌아왔는데, 그새 스무 명의 양복을 만들고도 남을 양털이 자라 있었대.

양은 사람의 **얼굴**을 알아보고 기억할 수 있어.

세상에서 가장 인기 있는 이모티콘의 **얼굴**은 기쁨의 **눈물**을 흘리고 있어.

어떤 앵무고기는 머리에서 분비한 **점액 방울**에 들어가서 잠을 자. 이 끈적한 고치가 기생충으로부터 물고기를 보호하지.

눈물에는 **점액**이 들어 있어.

비 오는 날, 하늘에서 붉은색이나 갈색 빗방울이 떨어질 때가 있어. 이 이상한 날씨 현상은 사막의 먼지가 구름 속 **물**방울과 섞여서 생긴 거야.

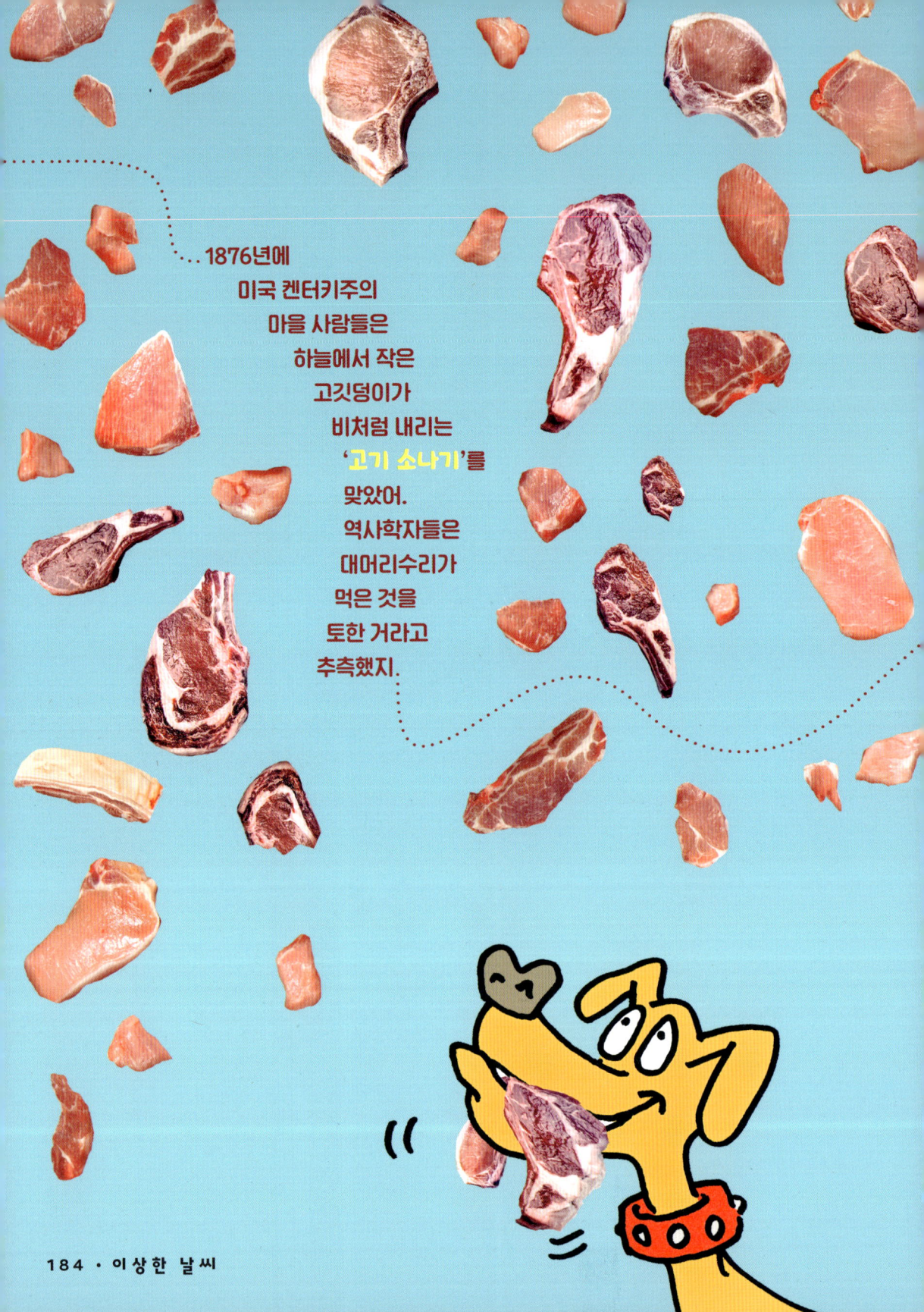

1876년에 미국 켄터키주의 마을 사람들은 하늘에서 작은 고깃덩이가 비처럼 내리는 '고기 소나기'를 맞았어. 역사학자들은 대머리수리가 먹은 것을 토한 거라고 추측했지.

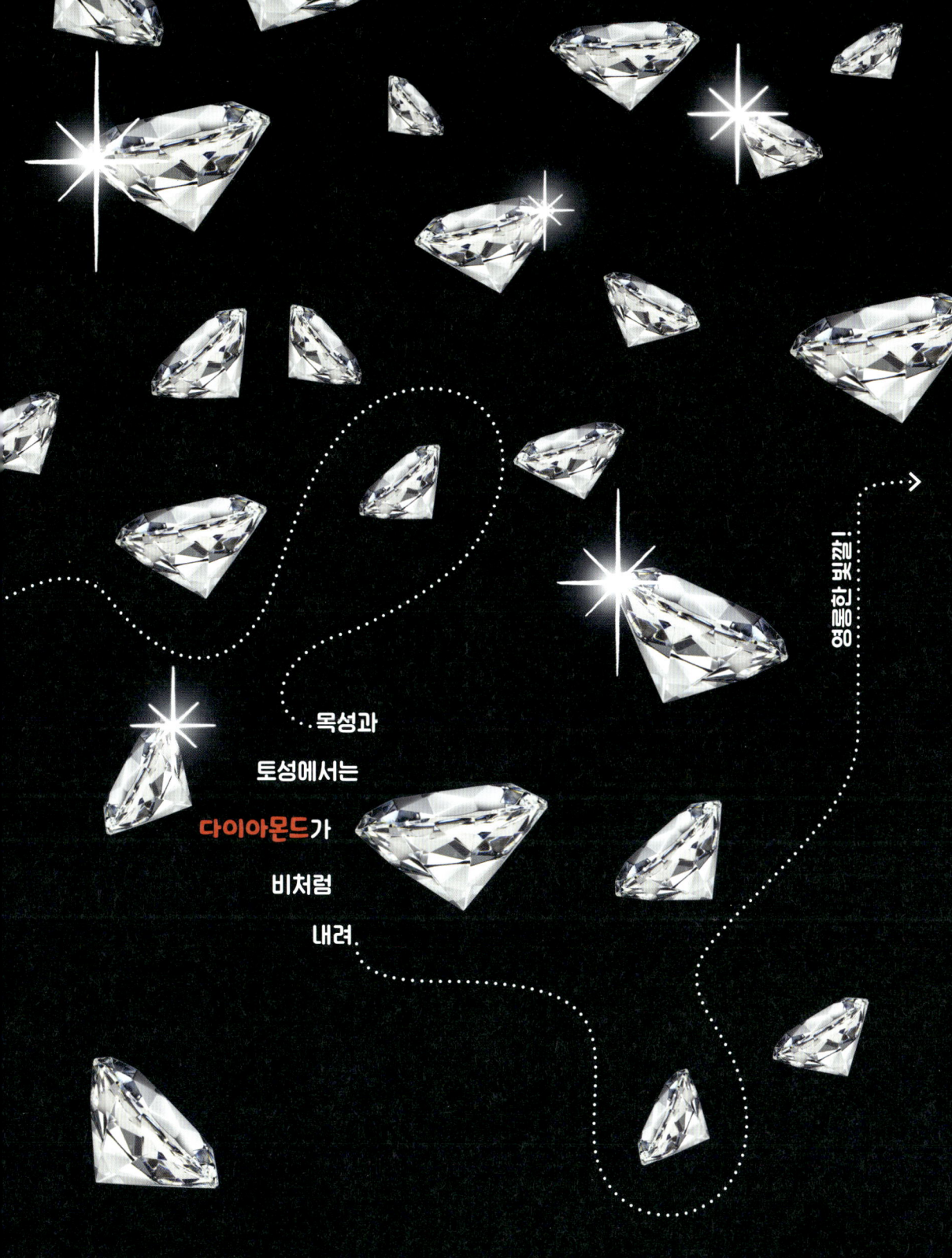

목성과 토성에서는 **다이아몬드**가 비처럼 내려.

영롱한 빛깔!

고대 그리스와 로마에서는
다이아몬드를 신의 **눈물**이라고
생각했어.

허니 번

이라는 이름의 강아지가
주인의 보석 가게에서
1,200만 원어치의 다이아몬드를
실수로 삼킨 일이 있었어. 다행히
다이아몬드는 반대편 출구로
무사히 나왔지.

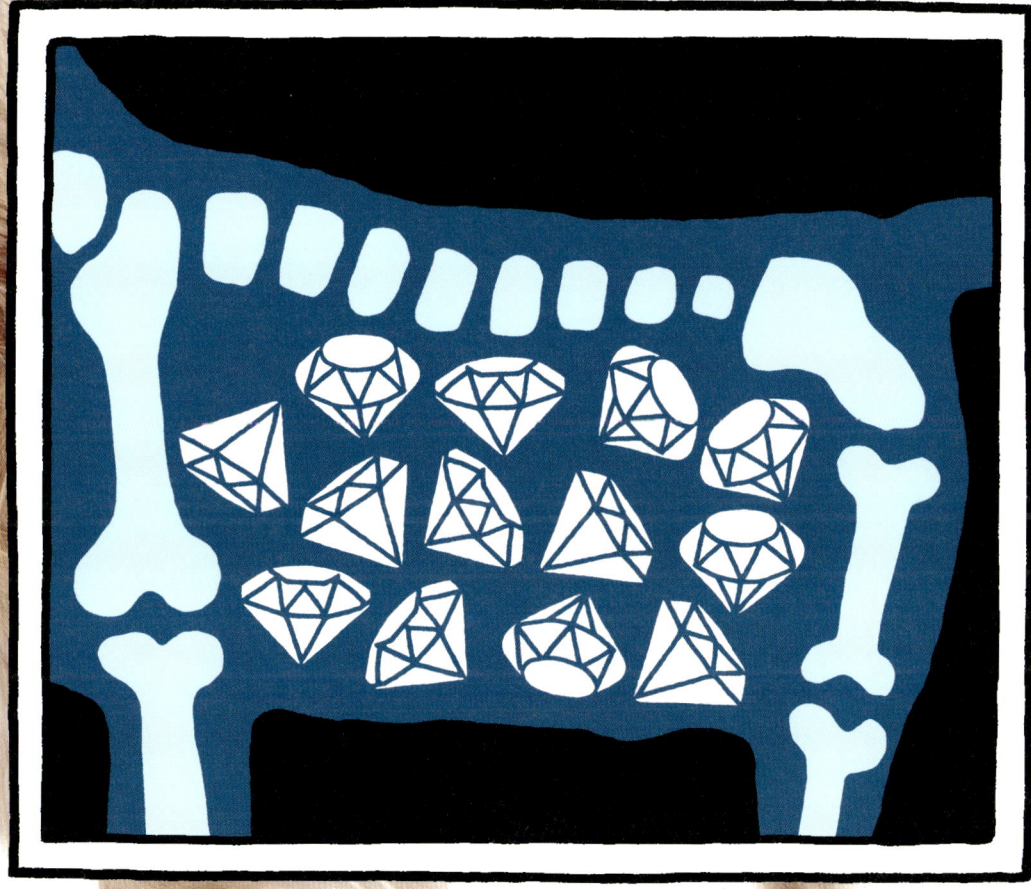

보석말고 간식 먹자!

다이아몬드 • 187

스물세 명으로 이루어진 무리에서 두 명의 **생일**이 같을 확률은 50퍼센트야.

봄의 시작을 기념하는 힌두교 전통 축제인 '홀리' 동안에 참가자들은 서로 쿨랄이라는 밝은색 염료 가루를 뿌려. 쿨랄의 선명한 색깔은 다양한 식물이나 향신료로 만드는 거야.

태국의 **원숭이 뷔페 축제** 기간에는 수천 킬로그램의 과일로 높은 탑을 쌓고 마카크 원숭이를 초대해......

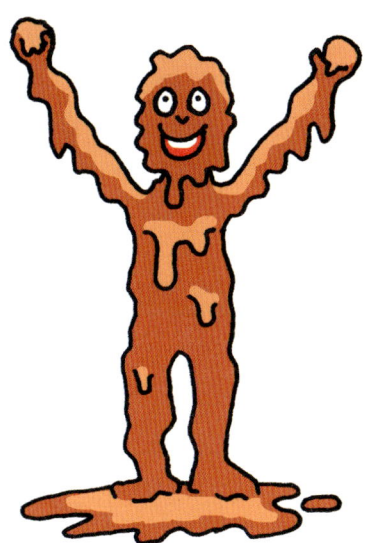

한국 보령에서는 무기질이 풍부한 흙을 자랑하는 **머드 축제**가 열려. 그곳에 가면 머드 스키를 타거나 온몸에 진흙을 바르고 머드 미끄럼을 탈 수도 있지.

매년 새해 전날 오스트레일리아의 시드니항에서는 불꽃놀이를 해. 36,000개 이상의 폭죽이 터지지...

펑펑!

불꽃놀이에 쓰이는 폭죽 속 화학 물질은 저마다 다른 소리를 내. 알루미늄은 **쉬익**

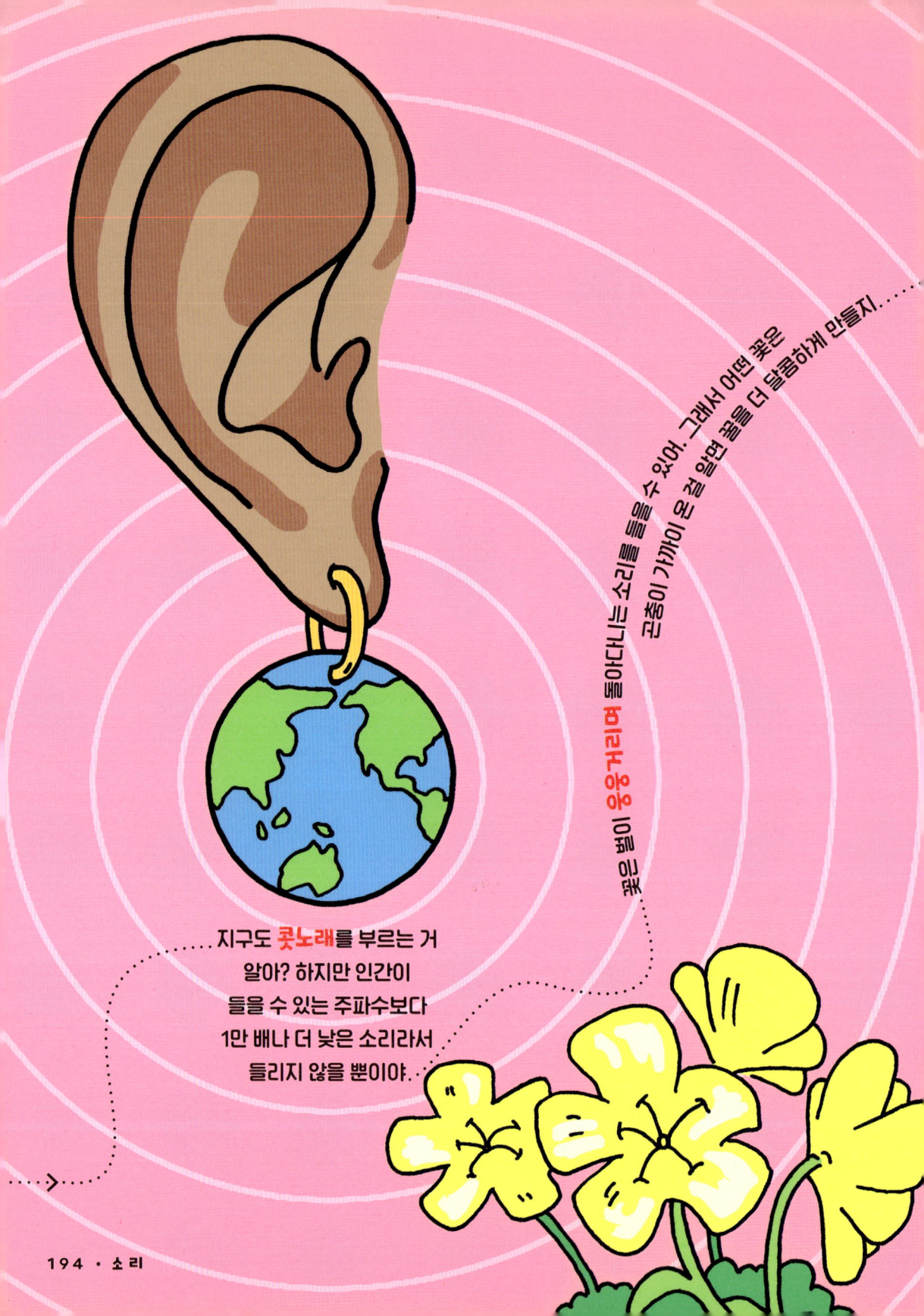

매년 미국 플로리다주에서는 **수중 음악 축제**가 열려. 어떤 참가자는 물속 스피커에서 나오는 음악과 함께 물고기 모양의 악기를 연주해.

노래 악보의 마지막 마디를 **코다**라고 해.

행복한 마무리!

어떤 모래 언덕은 '노래'를 해. 과학자들은 **모래 알갱이**의 서로 다른 크기와 움직임 때문에 소리가 난다고 하지.

싱가포르에서 세계 최대 규모의 **의자 뺏기 놀이**가 열렸는데, 8,238명이 참가했어.

크로아티아에 있는 **바다 오르간**은 파도와 바람이 연주하는 악기야. 철썩이는 파도가 악기의 관으로 공기를 밀어내면서 소리를 내는 거야.

연필 끝에

지우개를

연결하는

금속 덮개를

페룰이라고 해

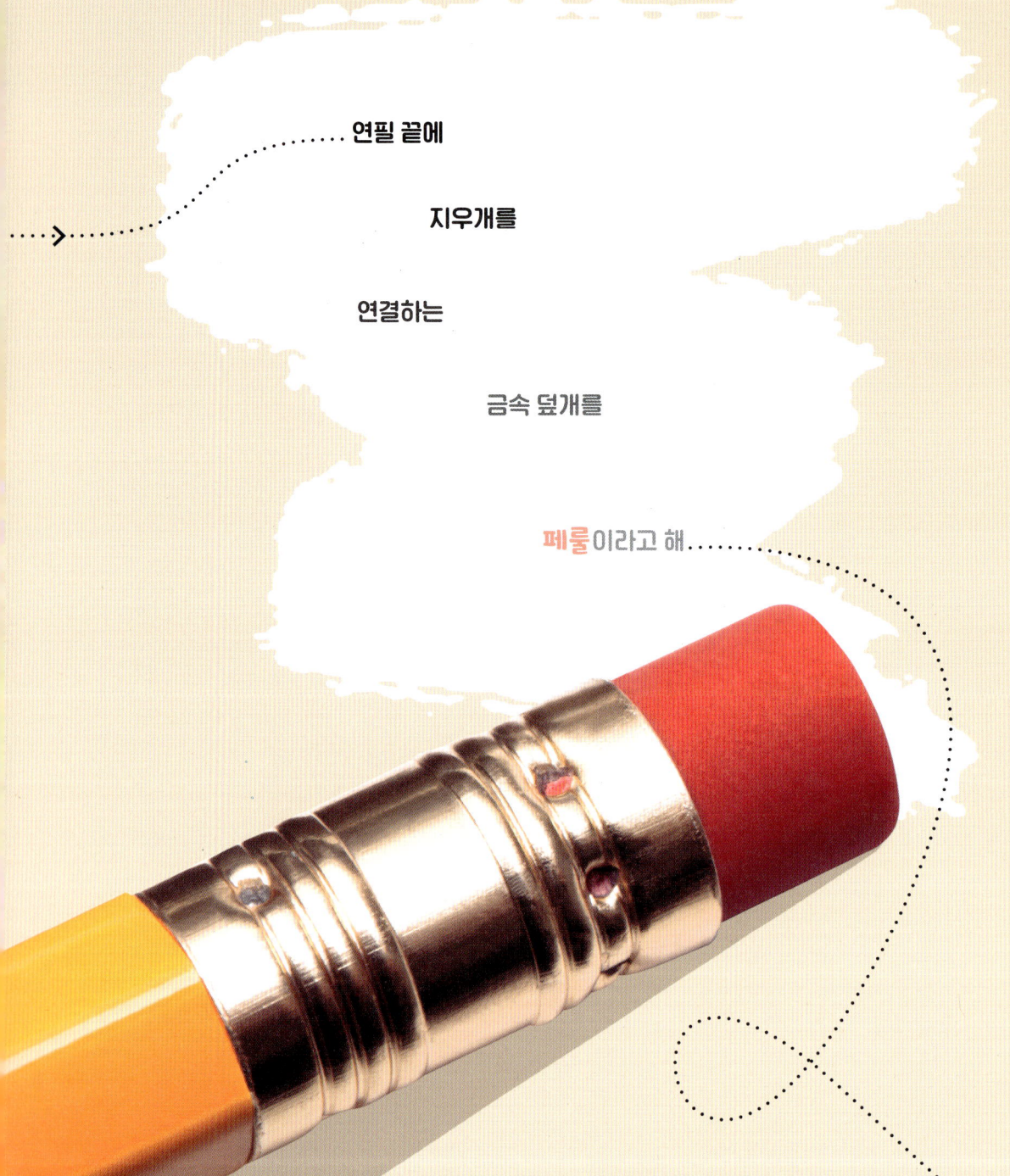

50쪽으로 가시오.

계속 돌고 돌아서

결말이 가장 여러 가지인 책은 《원더 크리스탈》이라는 어린이 책이야. 결말이 모두 **1,250**가지나 되지. 모두 아이들이 직접 쓴 거야!

찾아보기

ㄱ

갈륨 113
감자 23, 60
강낭콩 29
강어귀 31
개미 46, 126, 175
거미 13-5, 46, 121
거북 80, 150
거삼나무 17
검은 수염 109
게 83, 138-9
결정 105
경 41-2
고기 소나기 184
고릴라 96
고무 오리 49
고생물학자 74
고속 철도 56
고약한 냄새 128
고양이 134
고추 172

곤충 12, 27, 39, 41, 54, 129, 175, 194
골프 43
곰치 141
공룡 29, 74, 90-1, 96, 133, 153
공작갯가재 125
괴짜 효과 153
국가 33, 42
국제 날짜 변경선 48
국제 우주 정거장 51-3, 85
굴랄 190
균사체 99
그리스 55, 186
금 107, 136-7
금붕어 135
금성 88-9, 148
급수탑 182
기니피그 188
기린 57, 97, 166
기온 170
깃털 96, 133
꼬리 42, 73

꽃 54, 59, 77, 79, 129, 194
꿀벌 53
꿈 157-8

ㄴ

나무 17, 24, 55, 99, 129
나미비아 164
나비 79, 80-81, 174
나사 180
나스카 지상화 46
나일강 32, 34
날도마뱀 73
남극 91, 170
냄새 49, 64, 97, 128-9, 132-3
넙다리뼈 10
노래기 126
노이슈반슈타인성 68
놀이동산 100
농구 77, 182
뇌 113, 140, 154, 179
눈(날씨) 168-171
눈(신체) 115, 124-5, 154, 156, 161
눈물 80, 183, 186
늑대 무리 120

ㄷ

다이아몬드 77, 88, 178, 185-6
달 51, 88, 95, 162
닭 92
대왕고래 116, 149

대왕오징어 113, 115
대 플리니우스 96
도넛 112-3
도마뱀 73, 125, 134, 160, 174
독 42, 126, 174
동굴 69, 97, 132, 179
동물 41-2, 72, 74, 82, 147, 149, 161, 179
두발가락나무늘보 147
둥지 123, 132
드라큘라 개미 72
드론 54, 62
디즈니랜드 68
땀 63
땅거북 150
똥 17, 40, 128, 132, 188

ㄹ

라이 20
라플레시아 79
레고 22
레서판다 16
로마 17-8, 96, 170, 186
로봇 53-5
루펠독수리 29
리사이클로사우루스 91

ㅁ

마귀상어 72
마그마 101
마르코 폴로 70
마리 앙투아네트 65
마야 26
마카크원숭이 191
막대 아이스크림 24
만우절 26
망치 43
매 122
먹장어 127
모래 69, 113, 132, 173, 179, 197
모자 64, 109
모형 65, 140
목성 89, 185
무기 42, 107
무리 120-1, 126
무지개 16, 161-3
문어 139, 161, 177
물 30, 53, 97
물거미 14
물고기 26, 60, 76, 127, 135, 139, 170, 183, 196
물소 174
물총새 56
미소 37-9
미스터 포테이토 헤드 23

ㅂ

바그리르 95
바다 30, 45, 83, 133, 136, 138
바비 23
바센지 134
바이킹 174
바우어새 59
박쥐 67, 175
박트리아 유적 107
반딧불 56
발 10
발사나무 79
방어벽 69
배 175
배꼽 시계 188
백조 66, 96
뱀 42, 176
버티 150
번개 132, 171
벌거숭이두더지쥐 100
벌꿀오소리 127
벌새 41, 118
범블(꿀벌 로봇) 53
변기 76-7, 141
별 88-9, 152, 173, 177-9
별똥별 89
병 140
병사 67
보드게임 175
보물 107
보석 34, 77, 186
보이니치 필사본 143
봄 190
북극여우 175
북유럽 신화 162
불가사리 179
불꽃놀이 191-2
불소 96
브뤼셀 공항 27
블랙홀 44

비버 58
비프로스트 162
비행운 28
빅 아이다호 포테이토 호텔 60
빈투롱 129
빗방울 29, 183
빙고 111
빛줄기 89
뼈 9-11, 43, 174
뿌리 98-9
뿔 16-7, 64, 174
뿔도마뱀 125
뿔쇠똥구리 12

사막 104, 113, 164, 173-4, 183
사막꿩 133
사탕 182
사하라 사막 173
산맥 16, 117
상어 42-3, 72, 195
새 123, 172, 175
새해 191
생일 188, 190
생쥐 42
섬광 178
섬전암 132
세균 97, 119, 120, 140-1, 172
세네트 175
소금 18, 100, 104
소리 16-7, 101-2, 192, 194
소행성 51, 90

손 10, 105, 113
수성 101
수탉 28
슈렉(양) 183
스마트 기술 61, 63
스컹크 16
스크래블 175
스패터 102
스포츠 43
슬링키 23
시간 48, 72, 84, 89, 92, 111, 149, 151-3, 155
시드니항 191
시체꽃 129
식분 동물 188
신발 64
심장 42-3, 63, 149, 175-7
싱가포르 84, 110, 197
쇠똥구리 40
쌍둥이 145-6
쌍봉낙타 97
씬벵이 139

아기 9, 39, 155, 166
아마존강 31
아이스크림 24, 170
아즈텍 26
아침 95, 157
아틀라스 54
아폴로 11호 95
아프리카 야생 개 76

악어 34-5, 176
안데스산맥 16
알 91-2, 102, 118
알람 157
알렉산더 대왕 67
암호 143
앵무고기 183
야프섬 20
양 16, 28, 174, 183
어제 섬 48
언어 144-5
얼굴 183
에르그 173
에지 61
에펠탑 97
엘리자베스 2세 여왕 66
연어 111
연필 198
염료 17
염소 96
오리 28
오르간 197
오징어 72, 113, 115
온천 172
올림퍼스산 117
올빼미 16, 76, 121-2, 132
옷 63, 67
완보동물 173
왕관 107
요정의 동그라미 165
욕조 150
용각류 74
용암 102-3

용오름 133
우주 8, 89, 178
우주 쓰레기 50
운모 97
울루루 104
원더 크리스탈 199
유공충 179
유니콘 70
유리 132
유에프오(UFO) 112
음악 196
응달거미 14
의자 뺏기 놀이 197
이동 81-3
이모티콘 183
이집트 34, 64, 66, 175
익룡 29
인간 16, 36, 42, 53-4, 63, 125, 163, 194
인공위성 58
인도 수산청 60
인면노린재 39
인어 70
잉카 제국 67

ㅈ

자전 148, 151
잠 83, 156-7, 183
잠자는 숲속의 공주 68
잠자리 41
장어 127, 141

잭슨카멜레온 17
적도 16
전갈 42
전구 56
전자레인지 25
점액 72, 127, 183
정동석 105
제왕나비 81
제임스 웹 우주 망원경 136
제프 쿤스 113
주사위 166
중력 44, 51
중앙 해령 16
지구 6, 30, 41, 49-51, 77, 88-90, 95, 133, 136, 194
지구의 모양 16
지구의 중심 101, 112
지도 179-181
지렁이 101
지문 96, 146
지진 88, 154
진드기 133
진시황제 67

ㅊ

책 142-3, 199
천둥 눈 171
청산가리 126
초신성 173
초콜릿 25-7
쇼팽 64

축제 191, 196
치아(이빨) 35-7, 96, 134
치약 96
치장게 138
침팬지 37

ㅋ

카보나타이트 103
칼새 132
캥거루발(식물) 77
커피 95-6
콘플레이크 95
코 97, 110, 133
코다 197
코뿔소 70
코알라 155
쿠푸왕 175
퀸(꿀벌 로봇) 53
크라카타우 화산 102
크락 데 슈발리에 69
크리스마스섬 83
크리스토퍼 콜럼버스 70
큰돌고래 156
큰뒷부리도요 82
클레오파트라 66, 152
키드 선장 107

ㅌ

타란툴라 15
타이탄 171

탐사선 88
태양 44, 51, 133
토끼 134, 188
토네이도 133
토성 171, 185
토키 포나 145
통안어 76
트럼프 카드 21-2

ㅍ

파라오 175
파이어네이도 17
파이어볼 89
파커 태양 탐사선 88
판다 16-7
팔라우섬 83
팝콘 129, 131
팰컨 헤비(로켓) 86
퍼그 120
페롤 198
펭귄 132
폭탄먼지벌레 126
폭포 162
풍선 112-3
프랙털 167
프레리 초원 98
프레리도그 132
프레자마성 69
프록시마 켄타우리 152
플라스틱 112, 140
플레이도우 25
피(혈액) 42, 160

피부 154
피초이드 182

ㅎ

하헐스라흐 95
함정 거리 181
항공기 84
해달 120
해리 포터 49
해마 139, 149
해왕성 17
해적 107, 109
해파리 83
행복 38, 197
행성 88, 151
허니 번(개) 186
허니(꿀벌 로봇) 53
헤비메탈 195
헬륨 풍선 112
혀 116
호박벌 41
호아친 128
혹등고래 182
홀로그래피 63
홀리 190
홍채 이색증 161
홍학 160
화가자리 베타 b 151
화산 102-3, 171
화석 74, 91, 132-3
화성 117, 174
화장실 141

화폐 20
황철석 137
흉내문어 139
흡혈오징어 72
흰개미 57
흰머리수리 123
히메지성 68
힌두교 190
힐리어호수 30

팩토피아를 만든 사람들

케이트 헤일 글
미국 버지니아주 알렉산드리아에 사는 작가이자 편집자입니다. 재미있는 사실들을 찾아다니는 '팩트 사냥꾼'이기도 해요. 개들이 의사소통하는 법부터 영감을 주는 과학자들의 전기까지 많은 책을 쓰고 편집했습니다. 《팩토피아 ① 잡학 상식》에 어떤 재미난 사실을 실을지 고민하면서 자신이 가장 좋아하는 동물(토끼와 기린)부터 아침 식사(달걀과 도넛 한두 개)까지 모든 것에서 아이디어를 얻었습니다. 이 책에서 가장 마음에 든 팩트는 대왕오징어가 도넛처럼 생긴 뇌를 가졌다는 것이에요.

로렌스 모튼 디자인
런던의 미술 감독이자 디자이너입니다. 이 책을 디자인하면서 미로를 탐험하던 그리스 신화 속 테세우스가 생각났어요. 독자가 팩토피아의 모험을 안전하게 마칠 수 있게 모든 팩트를 연결하는 점선 길을 만들었습니다. 이 책에서 가장 좋아하는 팩트는 개가 인간의 단어를 165가지나 알아듣는다는 것이에요. 자신의 닥스훈트 찰리는 그것보다 더 많이 알고 있다고 생각하지만요.

앤디 스미스 그림
수상 경력이 있는 일러스트레이터입니다. 런던 왕립예술대학을 졸업했으며, 낙천적이고 따뜻한 손길이 느껴지는 그림을 그립니다. 《팩토피아 ① 잡학 상식》에 들어갈 그림을 그리면서 페이지마다 나오는 놀라운 사실들을 즐겼습니다. 다음 장에 무엇을 그리게 될지 절대 예측할 수 없었어요. 특히 37쪽의 침팬지 얼굴을 그리면서 가장 즐거웠습니다. 그 전염성 있는 미소 때문이에요.

조은영 옮김
어려운 과학책은 쉽게, 쉬운 과학책은 재미있게 옮기려는 번역가입니다. 서울대학교 생물학과를 졸업하고, 서울대학교 천연물과학대학원과 미국 조지아대학교 식물학과에서 공부했습니다. 이 책을 옮기면서 공룡이 짝에게 잘 보이려고 춤을 춘다는 팩트가 제일 즐거웠어요. 《유리병 속의 생태계》, 《우주의 바다로 간다면》, 《랜들 먼로의 친절한 과학 그림책》, 《코드 브레이커》, 《이토록 멋진 곤충》, 《10퍼센트 인간》 등을 우리말로 옮겼습니다.

참고 자료

과학자들과 전문가들은 항상 새로운 사실을 발견하고 정보를 업데이트합니다. 팩토피아 팀은 믿을 만한 여러 자료에 근거해 이 책에 나오는 모든 사실을 거듭 확인했습니다. 브리태니커 사실 확인 팀에게 확인도 받았습니다. 이 책을 쓰는 데 사용된 수백 가지 참고 자료 중에 중요한 몇 가지 웹사이트를 소개합니다.

언론사
가디언 theguardian.com
내셔널 지오그래픽 nationalgeographic.com
내셔널 지오그래픽 nationalgeographic.org
뉴욕 타임스 nytimes.com
디 애틀랜틱 theatlantic.com
디스커버 discovermagazine.com
로스앤젤레스 타임스 latimes.com
로이터 reuters.com
사이언티픽 아메리칸 scientificamerican.com
슬레이트 slate.com
와이어드 wired.com
워싱턴 포스트 washingtonpost.com
타임 time.com
파퓰러 미케닉스 popularmechanics.com
ABC 뉴스 abcnews.go.com
BBC bbc.co.uk
BBC 사이언스 bbc.com sciencefocus.com
CNN cnn.com
NBC 뉴스 nbcnews.com
USA 투데이 usatoday.com

정부, 과학 단체, 학술 단체
국립 오듀본 협회 audubon.org
네이처 nature.com
메리엄-웹스터 사전 merriam-webster.com
미국 국립공원관리공단 nps.gov
미국 국립생물공학정보센터 ncbi.nlm.nih.gov
미국 지질조사국 usgs.gov
미국 항공 우주국 nasa.gov
미국 해양대기청 noaa.gov
미국 해양대기청 바다 탐사 oceanexplorer.noaa.
미국 화학회 acs.org
브리태니커 백과사전 britannica.com
브리태니커 아카데믹 academic.eb.com
사이언스 sciencemag.org
JSTOR 전자 도서관 jstor.org

박물관과 동물원
미국 국립동물원 nationalzoo.si.edu
미국 자연사 박물관 amnh.org
스미스소니언 매거진 smithsonianmag.com
스미스소니언 해양 포털 ocean.si.edu
스미스소니언 협회 si.edu

대학
동물 다양성 웹 animaldiversity.org
오리건 주립대학교 oregonstate.edu
하버드 대학교 harvard.edu

기타
기네스 세계 기록 guinnessworldrecords.com
리플리의 믿거나 말거나 ripleys.com
미국 국립야생동물연합 nwf.org
사이언스 데일리 sciencedaily.com
아틀라스 옵스큐라 atlasobscura.com
월드 아틀라스 worldatlas.com
DK Find Out! dkfindout.com
PBS pbs.org

사진 및 그림 출처

위(t), 아래(b)

p.12 Alamy/blickwinkel; p.13 Getty/James Johnstone/500px; p.14-15 Alamy/agefotostock; p.18 iStock/Spanic; p.19 Alamy/Valentyn Volkov; p.20 Alamy/Michael Runkel; p.23 Getty/Image Source; p.24 Getty/dszc; p.26-27 iStock/Martin Barraud; p.28-29 Alamy/Ferenc Ungor; p.31 Getty/Jason Webber Photography; p.32-33 Getty/Jean-Daniel Ketting EyeEm; p.34-35 iStock/reptiles4all; p.36 iStock/Freder; p.39 Alamy/Image Source; p.40 Getty/Jamie Yan/EyeEm; p.42 Getty/George D. Lepp; p.44 Getty/National Science Foundation; p.46-47 Alamy/Erik Schlogl; p.50-51 Getty/Vitalij Cerepok/EyeEm; p.52 NASA; p.54-55 iStock/sofiaworld; p.55t Alamy/Alfio Scisetti; p.57 Dreamstime/Artushfoto; p.58 Getty/ewald mario; p.60-61 Getty/Exotica.im/Universal Images Group; p.62-63 iStock/spooh; p.64 Alamy/vkstudio; p.66-67 iStock/zhaojiankang; p.68 Getty/Frank Bienewald/LightRocket; p.70-71 iStock/tiero; p.73 Nature Picture Library/Tim MacMillan/John Downer Pro; p.74-75 Getty/sinopics; p.77 Alamy/Avalon/Photoshot Licence; p.78 Getty/Fadil; p.81 Getty/Alexandra Rudge; p.82 Alamy/mauritius images GmbH; p.84-85 iStock/kickers; p.86-87 Getty/Sean Gladwell; p.88-89 123rf.com/titonz; p.90-91 123rf.com/freestyledesignworks; p.92-93 Alamy/amana images inc.; p.94 Alamy/Patti McConville; p.95 123rf.com/Konstantin Kopachinsky; p.97 iStock/Catherine Withers-Clarke; p.98-99 123rf.com/andreykuzim; p.100 Alamy/Life on White; p.103 Alamy/SuperStock; p.105 Getty/Jorge Guerrero/AFP; p.106-107 Getty/Heritage Images; p.108-109 Getty/da-kuk; p.110 Dreamstime/Vladimirfloyd; p.113 Dreamstime/Kzeniya Ragozina; p.114 Science Photo Library/Christian Darkin; p.115 23rf.com/andreykuzim; p.116-117 Nature Picture Library/Doc White; p.118 Alamy/robertharding; p.119 iStock/PeopleImages; p.120 iStock/daneger; p.122-123 iStock/rancho_runner; p.124 Alamy/Gilberto Mesquita; p.125 Getty/WestEnd61; p.126 iStock/Marius Ltu; p.129 Getty/Ger Bosma; p.130-131 123rf.com/Ian Dixon; p.134 Dreamstime/Susan Leggett; p.135 Getty/JimmyJamesBond; p.136-137 Getty/Tim Graham; p.138-139 Nature Picture Library/Gary Bell/Oceanwide; p.143 Beinecke Rare Book and Manuscript Library; p.144 Alamy/leonello calvetti; p.147 Nature Picture Library/Michael Durham; p.148 Alamy/Martin; p.149 Alamy/shufu; p.150-151 Alamy/Science Photo Library; p.153 iStock/Portugal2004; p.155 Getty/Ali Saadat/EyeEm; p.156 Alamy/Redmond Durrell; p.159 Alamy/Sarayuth Punnasuriyaporn; p.160 Alamy/Daniel L. Geiger/SNAP; p.160-161 Dreamstime/Ionut David; p.164-165 Alamy/ Robert Harding; p.167 iStock/marcoventuriniautieri; p.168-169 iStock/borchee; p.170 iStock/AndreaAstes; p.171t Dreamstime/Vitalii Kit; p.171b Dreamstime/Valentyn75; p.172-173 Dreamstime/Planetfelicity; p.177 Nature Picture Library/Alex Mustard; p.178 Alamy/E R Degginger; p.180-181 NASA; p.184 iStock/milanfoto; p.184 Getty/ATU Images; p.185 Getty/Ryan McVay; p.186-187 Alamy/YAY Media AS; p.188-189 Dreamstime/ Denis Mishalov; p.191 Getty/Jason Miller; p.192-193 Getty/Peter Saloutous; p.195 iStock/Antagain; p.196 Getty/Rick Neves; p.198 iStock/t_kimura.

팩토피아 ❶ 잡학 상식
꼬리에 꼬리를 무는 400가지 사실들

초판 1쇄 발행일 2022년 12월 20일
초판 4쇄 발행일 2025년 4월 30일

글 로즈 데이비드슨 **그림** 앤디 스미스 **옮김** 조은영

발행인 조윤성
편집 이지혜 **디자인** 정은경 **마케팅** 최기현
발행처 (주)SIGONGSA **주소** 서울시 성동구 광나루로 172 린하우스 4층 (우편번호 04791)
대표전화 02-3486-6877 **팩스(주문)** 02-598-4245
홈페이지 www.sigongsa.com / www.sigongjunior.com

FACTopia Written by Kate Hale, Illustrated by Andy Smith
ⓒ 2021 Title one: FACTopia
Text ⓒ 2021 What on Earth Publishing Ltd. and Britannica Inc.
Illustrations ⓒ Andy Smith
All rights reserved.
Korean translation rights ⓒ 2022 by Sigongsa Co., Ltd.
Korean translation rights are arranged with What on Earth Publishing Ltd.
through AMO Agency Korea.

이 책의 한국어판 저작권은 AMO 에이전시를 통해 저작권자와 독점 계약한 (주)SIGONGSA에 있습니다.
저작권법에 의해 한국 내에서 보호를 받는 저작물이므로 무단 전재와 무단 복제를 금합니다.

ISBN 979-11-6925-406-9 74030
ISBN 979-11-6925-405-2 (세트)

*SIGONGSA는 시공간을 넘는 무한한 콘텐츠 세상을 만듭니다.
*SIGONGSA는 더 나은 내일을 함께 만들 여러분의 소중한 의견을 기다립니다.
*잘못 만들어진 책은 구입하신 곳에서 바꾸어 드립니다.

 KC마크는 이 제품이 공통안전기준에 적합하였음을 의미합니다.
제조국: 대한민국   사용 연령: 8세 이상
책장에 손이 베이지 않게, 모서리에 다치지 않게 주의하세요.

WEPUB 원스톱 출판 투고 플랫폼 '위펍' __wepub.kr
위펍은 다양한 콘텐츠 발굴과 확장의 기회를 높여주는
SIGONGSA의 출판IP 투고·매칭 플랫폼입니다.

SIGONGJUNIOR 도서목록을 만나 보세요.